ख़बरों की जुगाली

# ख़बरों की जुगाली

श्रीलाल शुक्ल

राजकमल प्रकाशन

ISBN : 978-81-267-1132-1

**मूल्य** : ₹450



**पहला संस्करण** : 2006
**चौथा संस्करण** : 2020
**दूसरी आवृत्ति** : 2022

**प्रकाशक** : राजकमल प्रकाशन प्रा. लि.
1-बी, नेताजी सुभाष मार्ग, दरियागंज
नई दिल्ली-110 002

**शाखाएँ** : अशोक राजपथ, साइंस कॉलेज के सामने, पटना-800 006
पहली मंजिल, दरबारी बिल्डिंग, महात्मा गांधी मार्ग, प्रयागराज-211 001
1, अनमोल सोराबजी संतुक लेन, धोबी तलाव, मरीन लाइंस, मुम्बई-400 002
वेबसाइट : www.rajkamalprakashan.com
ई-मेल : info@rajkamalprakashan.com

**मुद्रक** : राजकमल प्रेस
नई दिल्ली-110 002

KHABRON KI JUGALI
by Shrilal Shukla

# परिचय

2003 के तीसरे महीने से लगभग दो वर्ष तक मैंने 'इंडिया टुडे' (हिन्दी) के लिए एक पाक्षिक स्तम्भ लिखा था जिसमें पाठकों को रिझाने पर ज़्यादा ज़ोर न था, कोशिश थी किसी तत्कालीन घटना या स्थिति को लेकर उसका परीक्षण करने की और उसमें अन्तर्निहित विडम्बना या एब्सर्डिटी को उजागर करने की। यह एक तरह की जुगाली थी पर यह जुगाली न तो निरुद्देश्य थी, न ही अपना पेट भरने की ग़रज़ से की जा रही थी। यह जुगाली बहुत हद तक लेखक पाठकों की ओर से, उनकी सम्भावित शंकाओं और प्रश्नों को देखते हुए कर रहा था। वे प्रश्न और शंकाएँ अभी भी हमारा पीछा कर रही हैं। उक्त अख़बारी टिप्पणियों के संकलन की सार्थकता सम्भवतः इसी में खोजी जा सकती है।

**–श्रीलाल शुक्ल**

लखनऊ
30 अप्रैल, 2005

# अनुक्रम

# ख़बरों की जुगाली

# वह जो मिनिस्टर बनेगा

वह उतना मेरा दोस्त नहीं है जितना मैं उसका हूँ। यानी मेरे बारे में उसे लगभग सब कुछ मालूम है पर उसके बारे में मुझे पक्का पता नहीं कि वह जहाज पर खलासी था या वेटर। मुझे वह बस इतना बताता है कि वह मर्चेंट नेवी में रहा है। उसका तौर-तरीका कभी उजड्ड खलासियों जैसा होता है, कभी एक भद्र, शिष्टाचारपूर्ण वेटर का। इधर कुछ दिनों से वेटर की हैसियत उछाल पर है।

आज सवेरे आते ही उसने आने का मकसद बताया, "मान लो कि मैं इस देश का नया विदेश मन्त्री हूँ, या कम-से-कम विदेश राज्यमन्त्री। मैं चाहता हूँ कि तुम मेरा इंटरव्यू लो। मैं इंटरव्यू देने का अभ्यास करना चाहता हूँ।"

"कैसे मान लूँ कि..." पर मेरी बात बीच ही में काटते हुए उसने कहा, "लोकसभा चुनावों में मुझे पार्टी टिकट मिलनेवाला है, ऊपर से इशारा मिला है कि चुने जाते ही मुझे विदेश राज्यमन्त्री बना दिया जाएगा।"

"पर विदेश मन्त्रालय ही क्यों ?"

इसके जवाब में वह हँसा, बोला, "मेरी आधी उम्र विदेशों ही में तो कटी है। समुद्री तटवाला कौन-सा देश है जहाँ मैं नहीं गया हूँ ? कौन-सा बन्दरगाह है जहाँ मैंने रात नहीं बिताई है ?"

"चकलाघरों में..." मैंने धीरे से कहा।

उसने ज़ोर से कहा, "हाँ, हाँ, वहीं।"

इंटरव्यू की ज़मीन तैयार हो गई थी। सो, पेश है वह इंटरव्यू :

**मैं** : "पर तुम्हारे उन बन्दरगाही तजुर्बों का राजनीति से क्या मतलब ?"

**वह** : "देखिए, राजनीति और, माफ़ कीजिएगा, रंडी में कोई फ़र्क़ नहीं है। पार्टी चीफ़ ने एक दिन कहा था, वेश्या की तरह ही राजनीति कभी सच बोलती है, कभी झूठ। वह ज़बान की कड़ी हो सकती

है और बहुत मीठी भी। वह ख़र्चीली होती है और पैसा बटोरनेवाली भी। चीफ़ ने कहा...''

**मैं** : ''चीफ़ ने कहा हो या नहीं, संस्कृत के एक कवि ने ज़रूर कहा है। बहरहाल, राज्यमन्त्री बन जाने पर आपकी प्राथमिकताएँ क्या हैं ?''

**वह** : ''सबसे पहले वे तीन मन्त्र दिन में पाँच बार जपना जो इधर बरसों से बार-बार दोहराए जा रहे हैं।

**पहला मन्त्र** : भारत की सारी आन्तरिक समस्याएँ पाकिस्तानी खुफिया एजेंसी आइ.एस.आइ. की पैदा की हुई हैं।

**दूसरा मन्त्र** : आइ.एस.आइ. को बांग्लादेश भी बढ़ावा दे रहा है।

**तीसरा मन्त्र** : जब तक सीमा पार से आनेवाले आतंकवाद पर रोक नहीं लगती, तब तक पाकिस्तान से कोई बात नहीं होगी।''

**मैं** : ''इसमें नई बात क्या हुई ?''

**वह** : ''कुछ नहीं। हमारी विदेश नीति गिरगिट नहीं है। वह रंग नहीं बदलती।''

**मैं** : ''आपको नहीं लगता कि अगर कभी पाकिस्तान ने कश्मीर के आतंकवाद को रोक दिया, तो उसके साथ बात करने को बचेगा ही क्या ?''

**वह** : ''तब हम मौसम की बात कर सकते हैं।''

**मैं** : ''आपने पाकिस्तान और बांग्लादेश की बात कही। पर अमेरिका ? या रूस ?''

**वह** : ''वहाँ भी हमारी नीति पहले जैसी बनी रहेगी। हमें रूस के साथ लगातार खूबसूरत बातें करनी हैं, अमेरिका के आगे लगातार कटोरा फैलाना है। यह पचास साल पुराना आज़मूदा नुस्खा है।''

**मैं** : ''आप अपनी पहली विदेश-यात्रा किस देश से शुरू करना चाहेंगे ?''

**वह** : ''तुर्कमेनिस्तान से।''

**मैं** : ''क्या यह देश इतना महत्त्वपूर्ण है ?''

**वह** : ''भारत के लिए न हो, मेरे लिए है। वहाँ के राष्ट्रपति नियाज़ोव मेरे लिए बहुत बड़ी चीज़ हैं। उन्होंने अपना नाम ही रख लिया है तुर्कमेनबाशी, यानी तुर्कमेनों के बापू। उन्होंने अपनी अम्मा के और अपने नाम से महीनों के नाम तक बदल डालते हैं। उनके

जन्मदिन पर राष्ट्रीय अवकाश होता है। हमारे नेतागण उनसे बहुत कुछ सीख सकते हैं। मायावती और लालू प्रसाद यादव तो उनके आगे कुछ नहीं हैं। मैं सबसे पहले इस महान निर्लज्जता का दर्शन करना चाहता हूँ।''

**मैं** : ''वहाँ से आप यक़ीनन मास्को जाना चाहेंगे ?''

**वह** : ''जी नहीं। वहाँ से मैं जिम्बाब्वे जाऊँगा, राष्ट्रपति मुगाबे से मिलने। वहाँ के विपक्ष का नेता डर के मारे भागकर इंग्लैंड में जा छिपा है। उस मुल्क में इंग्लैंड की क्रिकेट टीम खौफ़ के मारे जाने से इनकार कर देती है। भारतीय प्रजातन्त्र को अभी वहाँ से भी कुछ सीखना है।''

**मैं** : ''आप तानाशाही में विश्वास रखते हैं ?''

**वह** : ''हरगिज नहीं। मुगाबे चुनाव लड़कर आया है। वैसे तानाशाही से मैं घृणा करता हूँ, पर तानाशाह से नहीं। गांधी ने कहा है कि पापी को घृणा करो, पाप को नहीं।''

**मैं** : ''आप गांधी का हवाला दे रहे हैं। क्या कृपापूर्वक आप मेरी खोपड़ी पर एक घूँसा मारेंगे ? मैं समझना चाहता हूँ कि मैं वही हूँ या कुछ और हो गया हूँ।''

*[9.3.2003]*

# बजट : कुछ प्रकट, कुछ कपट

28 फरवरी को संसद में बजट के पेश होते ही संसद-छाप लोगों से सड़क-छाप लोगों तक की प्रतिक्रियाओं का ताबड़तोड़ प्रसारण शुरू हो गया। हर ऐरे-ग़ैरे से लेकर उच्चवर्गीय नत्थू-खैरे की राय ली जाने लगी। पर मैंने प्रतिक्रियाएँ बटोरने में उतावली नहीं दिखाई, 'रुपये-पैसे का मामला है, जल्दबाज़ी ठीक नहीं। लोगों को पहले आँकड़ों की जुगाली कर लेने दो। उसके बाद ही पूछताछ करो,' मैंने सोचा।

लगभग एक सप्ताह बाद मैं लोगों की राय जानने के लिए निकला। सबसे पहला सवाल सबसे पहले मिलनेवाले भिखमंगे से किया, ''नए बजट के बारे में क्या राय है ?''

''ठीक ही है,'' भिखमंगे ने कहा, ''पर सुनते हैं, उसमें बेरोज़गारों के लिए कुछ नहीं है।'' उसने गहरी साँस ली, अपने कटोरे की ओर देखा, कहा, ''शुक्र है ख़ुदा का कि मैं बेरोज़गार नहीं हूँ।''

''किसानों के लिए भी कुछ ख़ास अच्छा नहीं है।''

''उनकी तो हालत ख़राब है, सर ! पहले सूखे की मार, अब डीजल, यूरिया के दामों में बढ़ोतरी !'' उसने दोबारा गहरी साँस ली, कहा, ''भगवान की दया है कि मैं किसान नहीं हूँ।''

''फिर भी, मुद्रास्फीति बढ़ने से तुम्हारी आमदनी पर असर पड़ सकता है।''

उसने मुझे गौर से देखा, लगा कि वह अब मुझे मुद्रास्फीति के अर्थशास्त्र पर एक लेक्चर सुनाएगा, पर सँभल गया; बोला, ''ऐसा नहीं है, सर। मिनिमम चैरिटी की दर भी उसी हिसाब से बढ़ती जाती है। पहले लोग चवन्नी ऐंठकर देते थे, अब रुपया देते हुए भी सकुचाते हैं। मेरा ख़याल है कि अगले वित्तीय वर्ष में भीख की न्यूनतम दर दो रुपये हो जाएगी। और सारी आमदनी इन्कम टैक्स फ्री।''

तभी उसके मोबाइल फ़ोन की घंटी बजी, मुझसे माफ़ी माँगकर वह फ़ोन पर बात करने लगा। विश्व कप के किसी क्रिकेट मैच पर कोई सट्टे का मामला था। मैं आगे बढ़ गया और एक ऐसे शख़्स से मुख़ातिब हुआ जो देखने में वेतनभोगी लगता था, और था भी। उसने कहा, ''बजट में अरबों-खरबों की जो बातें होती हैं, उन सबसे हमारा कोई लेना-देना नहीं। वे बातें हमारी समझ में नहीं आतीं, और उन्हें समझने की ज़रूरत किसे है ? हमारा बजट से जो रिश्ता है, वह कुछ टुच्चे क़िस्म के मुद्दों को ही लेकर है। इन्कम टैक्स में क्या रियायत दी गई और क्या छीनी गई; कितना रिबेट मिला, कितना ग़ायब हुआ; मानक कटौतियाँ घटीं या बढ़ीं—पूरे बजट का हमारे लिए यही मतलब है। सरकारी नौकरों के लिए कुछ और भी ऐसे ही शगूफे हैं। अवकाश यात्रा का लाभ वापस ले लिया, फिर उसे बहाल कर दिया ! एक बार जब मालूम हो गया कि अगले साल कितना मिलेगा, कितना जाएगा, तो उसी वक़्त बजट की ख़बर हमारे लिए बासी हो गई।''

''छाता-छड़ी से लेकर ए.सी. और कारें तक सस्ती हो रही हैं, इससे कोई मतलब ही नहीं ?''

वेतनभोगी ने कहा, ''ये सब क्या मेरे लिए ही सस्ती हुई हैं ? ये तो सारे देश के लिए हैं, उन मसलों में मैं क्यों उलझूँ ?''

अचानक वह हँसने लगा, कुछ कहना चाहता था पर 'फिर भी, फिर भी' से आगे कुछ नहीं कह सका। हँसी थमते ही बोला, ''मेरे दिमाग़ में एक कविता चमक उठी है, सुनिए :

*भाई रे यह कैसी बस्ती !*
*आटा महँगा, मोटर सस्ती। हा ! हा ! हा ! हा !*

उसे 'हा !-हा !' में छोड़ मैं ऐसे मित्र के यहाँ गया, जो कभी आर्थिक मामलों के विशेषज्ञ माने जाते थे पर उनके इस विश्वास ने कि 'देश रसातल को जा रहा है', उनकी समझ को कुछ कुन्द कर दिया है। मैंने पूछा, ''बजट के बारे में क्या सोचते हैं ?''

''रसातल के रास्ते में यह अगला क़दम है।''

''पर उसके अच्छे पक्षों पर भी ग़ौर करें, ग़रीबों के लिए ग्रुप हेल्थ इंश्योरेंस...।''

''अच्छी स्कीम है, बशर्ते चल जाए।''

''ग़रीबी की रेखा से नीचेवालों के लिए अंत्योदय अन्न योजना...''

''उम्दा है, बशर्ते अन्न उन तक पहुँच जाए।''

''सड़क, रेल और हवाई अड्डों के विस्तार के लिए 60,000 करोड़ रु. की साझा योजना, जिसमें सार्वजनिक और निजी क्षेत्र साझेदारी निभाएँगे।''

''चल सकती है, बशर्ते बैल और भैंसा एक जुए के नीचे जुतकर बैलगाड़ी खींच ले जाएँ।''

''मगर इसकी प्रशंसा तो होनी चाहिए कि देश की सुरक्षा के लिए रक्षा बजट में 17 प्रतिशत की वृद्धि हुई है।''

''वक़्त आने पर प्रशंसा कर सकता हूँ, बशर्ते इस साल जैसा हाल न हो; यानी रुपया है पर ख़र्च नहीं हो पा रहा है।''

''इतना तो आप मानेंगे न कि बजट मध्यवर्ग के विस्तार के लिए लाभदायी है और मध्यवर्ग का विस्तार देश की समृद्धि का सूचक है ?''

''किसी के हाथ-पाँव सींकियाँ हों, गाल पिचके हुए हों और सिर्फ़ तोंद फैल रही हो तो उसे आप तन्दुरुस्त कहेंगे ?''

इस लाइलाज मरीज को वहीं छोड़कर मैं अन्त में एक साथी रिपोर्टर से मिला। वह आँकड़ों का शौक़ीन है। उससे मैंने बजट के कुछ ख़ूबसूरत आँकड़े सुनने चाहे पर निराशावाद में वह पिछले मित्र से भी दो क़दम आगे निकला। छूटते ही बोला, ''पता है, बजट वर्ष में वित्तीय घाटा लगभग एक लाख चौवन हज़ार करोड़ रुपया हो गया है ? क्या होगा इस देश का ?''

इस बार उसकी हाँ-में-हाँ मिलाते हुए मैंने यह नहीं कहा कि देश रसातल में चला जाएगा। मैंने कहा, ''भाई, मुझसे इतने लाख करोड़ की बात न करो। मेरी हैसियत कुछ हज़ार या लाख-दो लाख रुपया तक जाने की है। करोड़ों और अरबों की मुझे फ़िक्र नहीं, क्योंकि इतने रुपये के वजूद का मुझे एहसास ही नहीं है। पता नहीं, वित्त मन्त्री को भी ऐसा एहसास है या नहीं ! बजट को समझना है तो मामूली आदमी के दुख-दर्द को लेकर मामूली रकमों की बात करें। हाइ फाइनेंस को हाइ फाइनेंसवालों के लिए ही छोड़ दें।''

*[23.3.2003]*

# नागर विकासमन्त्री से संवाद

जब तक यह छपकर आपकी निगाह से गुज़रेगा, मुझे पता नहीं, अमेरिकी दबंगई कहाँ तक पहुँच चुकी होगी; इराक का कैसा हाल होगा; पेट्रोलियम उत्पादों की क़ीमतें किस ग्रह को छू रही होंगी या हमारे रक्षा, वित्त, पेट्रोलियम और विदेश मन्त्रालयों की चौमुखी रस्साकशी में नीति-निर्णय के मैच का कौन-सा दौर चल रहा होगा। मुझे पता नहीं और शायद किसी को पता नहीं। पर जो मुझे पता है, वह यह है कि तब तक हमारे नगर की सड़कों के विकास का पहला चरण पूरा हो चुका होगा, यानी उनके किनारे बचे-खुचे पेड़ कट चुके होंगे। हमारे नगर विकास मन्त्री कुछ ही दिन पहले अपनी पहली विदेश-यात्रा से लौटे हैं। आते ही उनका दूसरा फैसला था कि सड़क विकास का यह चरण तुरन्त पूरा होना चाहिए। सुनते ही ठेकेदारों की कुल्हाड़ियाँ म्यान से बाहर निकल आईं। मैंने पूछा, ''पेड़ तो कट गए, सड़क कब चौड़ी होगी ?''

''अगली पंचवर्षीय योजना में,'' उन्होंने बताया।

पहला फैसला नाम को लेकर था। उन्होंने नगर विकास मन्त्रालय का नाम 'नागर विकास मन्त्रालय' कर दिया था। मैंने पूछा, ''यह क्यों ?''

''इसलिए कि,'' मन्त्री जी ने समझाया, ''नगर छोटी चीज़ है। इसका मतलब है कि सिर्फ़ नगर ! नगर के विकास का क्या मतलब ? दो-चार गाँव थे। जब उनका विकास हुआ तभी तो नगर बना। नगर का होना विकास के बाद की स्टेज है, पहले की नहीं। इसके विपरीत 'नागर विकास' का मतलब हुआ, नगर से सम्बन्धित हर चीज़ का विकास। नागर, अर्थात् नगर से सम्बन्धित।''

''यानी सड़क पर जो गायें बैठी रहती हैं, उनका भी आप विकास करेंगे ?''

''क्यों नहीं ! गोमाता का विकास होना ही चाहिए।''

''वे तब भी सड़क पर बैठी रहेंगी।''

''नहीं, सड़क नहीं, उसके बीच डिवाइडर पर। मेरा विचार है कि इसके लिए

डिवाइडर की चौड़ाई छह फ़ीट होनी चाहिए। डिवाइडरों के विकास के साथ ही गायों के कारण ट्रैफिक जाम की समस्या स्वयं हल हो जाएगी। नगर को भी गोचारण-संस्कृति का आनन्द मिलेगा।''

मैंने कुछ रुककर पूछा, ''सूअरों के बारे में आपका क्या विचार है ?''

''मुझे आपके इस प्रश्न पर आपत्ति है। आप हमारे नागरिकों को सूअर नहीं कह सकते। न भूलें, वे हमारे प्रजातन्त्र की रीढ़ हैं।''

''क्षमा करें, मैं उन असली सूअरों का ज़िक्र कर रहा था जो पूरे शहर में घूमते रहते हैं; वे आपके प्रजातन्त्र की रीढ़ तो नहीं हैं पर आप उन्हें उसका प्रतीक ज़रूर मान सकते हैं।''

''ओह, वह सूअर !'' वे बोले, ''हमारे वाराह भगवान ! वही तो पृथ्वी के उद्धारक हैं ! उन्हें लेकर आपकी क्या समस्या है ?''

''कुछ नहीं, सिवाय इसके कि सूअरों ने शहर पर कब्जा कर लिया है, सब जगह घूमते रहते हैं, ग़न्दगी फैलाते हैं।''

''आपका विचार ठीक नहीं है। वे सड़कों पर नहीं, ज़्यादातर गलियों में घूमते हैं। वे ग़न्दगी फैलाते नहीं, ग़न्दगी खाते हैं। नागर विकास में उनकी एक विशिष्ट भूमिका है।''

'जैसी कि आपकी,' मैंने सोचा पर होंठ खोलते ही बन्द कर लिया। वे समझे कि मैं उन्हें टोककर कुछ कहना चाहता हूँ; हाथ के इशारे से उन्होंने मुझे रोका; बोलते रहे, ''मेरा दृष्टिकोण यह है कि नागर विकास में यहाँ के प्राणिमात्र का हिस्सा होना चाहिए, यही सर्वांगीण विकास है।''

''मच्छरों का भी ?'' मैंने पूछा।

''उनके लिए किसी विकास योजना की ज़रूरत नहीं; वे स्वयं विकसित हो रहे हैं।''

वे मुझे झटके पर झटका दे रहे थे। हारकर मैंने पूछा, ''तो शहर की सड़कें, यातायात, रोशनी, पानी, सफाई, सब आपकी निगाह में...''

वे बोले, ''ये भी ज़रूरी हैं, पर,'' वे बंगला काव्य पर उतर आए, ''पर...शाबार उपर मानुष शत्य...''

''देखिए, यूरोपीय और अमेरिकी सभी बड़े शहर देखकर लौट रहा हूँ। सभी साफ़-सुथरे, चमकदार, लकदक। देखने में सभी स्वर्ग जैसे...''

मैंने स्वर्ग नहीं देखा, तभी उनकी बात समझा नहीं। पर शायद वे अपनी बात बखूबी समझ रहे थे, कह रहे थे, ''उनका भौतिक जीवन सुगन्धित है, पर संस्कृति में सड़ांध है। हमारे यहाँ माना, नालियों में दुर्गन्ध है, पर हमारी महान

संस्कृति में सुगन्ध है।''

''चन्दन और केसर की ?'' मैंने पूछा।

वे ख़ुश हुए। कहते रहे, ''हमारी संस्कृति उनसे अलग है। नाली की सफाई हो, इसके पहले हम अन्तःकरण की सफाई ज़रूरी मानते हैं।''

''उसे पाने के लिए क्या करना चाहिए ?''

''यही कि अन्तःकरण साफ़ रखा जाए।''

''उस दिशा में आप कर क्या रहे हैं ?''

''पच्चीस एकड़ ज़मीन माँ सुधामयी के आश्रम के लिए दी है। पश्चिमवाली जो मलिन बस्ती है, बिलकुल धारावी के मुकाबले की, उसे हटाकर यह अध्यात्म तीर्थ बनेगा।''

''बस्तीवाले कहाँ जाएँगे ?''

''उसकी चिन्ता न करें। शहर में जो पाँच फ्लाई ओवर बने हैं, उनके नीचे की जगह बस्तीवालों के लिए है। अब वे शहर का किनारा छोड़कर हमारे बीचोबीच आ जाएँगे।''

तब '...शाबार उपर मानुष शत्य...' सोचता हुआ मैं बाहर निकल आया।

*[9.4.2003]*

# तीन बूढ़ों की प्रातःकालीन चिन्ताएँ

हमने सोचा था कि 'व्हाइटमैंस बर्डेन' या गोरी चमड़ीवालों पर ज़िम्मेदारी का बोझ लगभग आधी सदी पहले दूसरे महायुद्ध के मलबे में फेंक दिया गया है और ब्रिटेन, फ्रांस, पुर्तगाल, हॉलैंड आदि के मि. व्हाइटमैन ने अपने उपनिवेशों को आज़ादी देकर उन्हें उस दलदल में लोटने-पोटने को खुला छोड़ दिया है जो उन्होंने ही बनाया था–ग़रीबी और जहालत का दलदल।

पर यह हमारा भ्रम था। भेड़िया दश्त से बाहर गया, अजगर आया। देखते-देखते कन्धों पर पहले से भी ज़्यादा वज़नी बोझ उठाए हमारे अंकल सैम स्टेज पर आकर खड़े हो गए और एक टाँग लैटिन अमेरिका पर जमाए, दूसरी पूर्व एशिया पर–और कमर की परछाईं पश्चिम एशिया पर फैलाते हुए अपनी दोनों गठरियों का माल एक साथ गिराने लगे–एक गठरी से अविकसित देशों के विकास और दूसरी से मानव अधिकारों की सुरक्षा का माल। यह और बात है कि इन एहसानफरामोश देशों में कुछ को आर्थिक गुलामी का भूत सताने लगा, कुछ को उसी में मिसाइलों का ज़न्नाटा और बमों का धड़ाका सुनाई देने लगा।

पिछले पचास सालों में चिली, ग्वाटेमाला, निकारागुआ, मेक्सिको, कोलम्बिया से लेकर वियतनाम, लाओस, कम्बोडिया तक–फेहरिस्त बहुत लम्बी है–लगभग पच्चीस देशों को अंकल सैम ने अपनी रहमतों का लाभ दिया। सबसे नया लाभार्थी इराक है। बरबाद और क्रूरता से रौंदा जाता इराक।

"फ़र्क़ यह है कि..." डॉक्टर ने कहा, "इस बार अंकल सैम का बोझा बाँटने के लिए हमारा पुराना भारवाहक, यानी पल्लेदार भी उनके साथ अपना कन्धा झुकाकर खड़ा हो गया है। उसका नाम ब्रिटेन है। वह भी इराक में प्रजातन्त्र की बहाली, मानवाधिकारों की सुरक्षा और तानाशाही के अन्त की चिन्ता में इराक का अन्त कर रहा है।"

हम तीन बूढ़े–डॉक्टर, प्रोफ़ेसर और मैं–रोज़ की तरह सवेरे पार्क की एक

बेंच पर बैठे हुए उपर्युक्त चिन्ताओं में मग्न थे। गांधी के तीन बन्दर, बखूबी समझदार, पर न तो ख़ामोश, न कहने-सुनने से चूकनेवाले—बशर्ते अपने को ख़तरा न हो : छोटे-मोटे बुद्धिजीवी।

मैंने कहा, "इस बार अंकल सैम ने वियतनामवाला जोख़िम नहीं उठाया। अपना बोझा बँटाने के लिए उन्होंने एक लचीला कन्धा ही नहीं ढूँढ़ा, अपने शिकार को पुलपुला बनाने के लिए लगभग बारह साल लम्बी तैयारी भी की। इसमें सुरक्षा परिषद का इराक के ख़तरनाक हथियार नष्ट कराने का प्रस्ताव भी शामिल है जिससे संयुक्त राष्ट्र के इंस्पेक्टरों की मदद से उन्हें कम करने में काफ़ी कामयाबी भी मिली। फिर, जब इराकी मिसाइलें खिलौना बन गईं तो अंकल सैम ने इराकी आसमान के नीचे अपनी मिसाइलों की पच्चीकारी पेश कर दी और..."

"और यू.एन. हिजड़े—सॉरी, किन्नर की तरह सब देखता रहा," डॉक्टर ने कहा।

प्रोफ़ेसर बोले, "यू.एन. और सुरक्षा परिषद ने वही किया जो वे कर सकते थे। इजाज़त हो तो मैं आपकी याददाश्त ताज़ा कर दूँ," फिर इजाज़त का इन्तज़ार किए बिना ही शुरू हो गए, "इनके मुक़ाबले पुरानी लीग ऑफ़ नेशंस एक दिल्लगी भर थी। दूसरा महायुद्ध शुरू होने को था और लीग अपने नए शानदार भवन में बहस कर रही थी रेलवे की लेवल क्रॉसिंग के संकेतों के मानवीकरण पर। और कब ? जबकि हिटलर के पैंजर्स पश्चिम से और स्तालिन की फ़ौजें उत्तर से पोलैंड में बढ़ रही थीं...यह उनकी राजनीतिक समझ थी : फंतासी से रचे किसी संगठन का फंतासी में यक़ीन, कि कुछ नहीं होगा। कम से कम यू.एन. में इतना सेंस ऑफ़ रियलिज्म तो है कि ऐसे मौके पर..."

"वह झुमरीतलैया में मच्छरों के प्रकोप पर बहस न करें," डॉक्टर ने कहा।

प्रोफ़ेसर ने इस हस्तक्षेप का बुरा माना, ख़ामोश हो गया। डॉक्टर ने ही बात आगे बढ़ाई, "एक बात समझ में नहीं आती। जब सारी दुनिया के आगे निर्लज्ज बनकर ही इराक का ध्वंस करना था तो ऐसी टीमटाम की, बहानेबाज़ी की क्या ज़रूरत थी ?"

"यही डिप्लोमेसी है—कूटनीति," मैंने कहा।

"मतलब ?"

"यह कि कोई काम करने का अगर कोई चक्करदार रास्ता हो सकता है तो उसे सीधे तौर पर कभी न करो।"

"इस तरह तो किसी भी देश के लिए ख़तरा हो सकता है।"

"हम जैसे देशों के लिए इस तरह से नहीं, दूसरी तरह से," डॉक्टर ने

समझाना शुरू किया, ‘‘मैकबेथ की तीन चुड़ैलों की तरह ‘फेयर इज़ फाउल, फाउल इज़ फेयर’ का सिद्धान्त माननेवाली कई ज़िन्दा कठपुतलियाँ हैं। वे अंकल सैम की नहीं हैं, पर उन्हें नचाते वही हैं। विश्व बैंक, अन्तर्राष्ट्रीय मुद्रा कोष आदि उनके नाम हैं। हम स्वेच्छा से बलि होनेवाले बकरे की तरह उनके आगे गरदन बढ़ाए खड़े हैं। हमारे ख़िलाफ़ बमों और मिसाइलों की ज़रूरत नहीं; इस काम के लिए स्मार्ट सूटों में सजे-बजे, उम्दा अंग्रेज़ी बोलनेवाले उनके कुछ कारकुन ही काफ़ी हैं। उन्हीं की सलाह पर हम आगे बढ़ रहे हैं–विकास की ओर; आर्थिक गुलामी, इलीटिज्म, उपभोक्तावाद, वर्गभेद, अपराध और व्यापक भ्रष्टाचार की ओर।’’

अहा ! भ्रष्टाचार ! हमारा हर नागरिक जिसका विशेषज्ञ है। यह शब्द निकलते ही हमें सब भूल गया–अंकल सैम, इराक, विध्वंस, विश्व बैंक, डब्ल्यू. टी.ओ., आर्थिक गुलामी, सब कुछ ! बातों की दिशा मुड़ गई। बातें भ्रष्टाचार पर चल निकलीं; देर तक चलीं, अब तक चल रही हैं।

*[29.4.2003]*

# शिष्टाचार का डालिए अचार

पर्दाफाश, धिक्कार, थू-थू जैसे अनमोल बोलों को आप अगर सड़कछाप शोहदों के शब्दकोश से जोड़ते हैं तो आप ग़लती कर रहे हैं। ये शब्द अब संसदीय कारोबार में शामिल हो चुके हैं। यही नहीं, संसद और विधानमंडलों में पिछली शताब्दी के मध्य में जिस बनावटी भाषा का विकास हुआ था (जिसमें एक सदस्य दूसरे सदस्य को 'आप', 'तुम' या 'तू' न कहकर, आदर के साथ अन्य पुरुष बहुवचन का प्रयोग करते हुए 'माननीय सदस्य महोदय' का ग़ैरज़रूरी तामझाम पेश करता था), वह भी आज के दिन पुरानी पड़ चुकी है। उसकी जगह अब चटपट मतलब की बात उगलनेवाली और खोपड़ी पर सीधी चोट करनेवाली ज़बान की ज़रूरत महसूस की जा रही है। उदाहरण के लिए अब 'माननीय नेता विरोधी दल' का कोई अर्थ नहीं रहा, उसकी जगह 'दुश्मन' जैसा शब्द कहीं ज़्यादा दुरुस्त और दिलकश जान पड़ता है।

जहाँ तक हम लखनऊवालों की बात है, सम्भाषण में वज़ादारी और अख़लाक के कुछ खँडहर अब भी बचे हुए हैं, पर अब्दुल हलीम 'शरर' ने एक शताब्दी पहले यहाँ के 'अंदाजे गुफ़्तगू' पर जो क़सीदे पढ़े थे, वे अब अतिशयोक्ति के बोझ से दबे दीखते हैं। वजह यह कि अब लखनऊ लखनऊवालों का नहीं रहा और वह ज़माना बहुत पहले गुज़र गया है जब लखनऊ और दिल्ली के बाशिन्दे ऐसे अहम मसलों पर बहस करते थे कि बुलबुल मुज़क्कर (पुल्लिंग) है या मुअन्नस (स्त्रीलिंग)। अब लखनौआ ज़बान पर बिजनौर और इटावा की ज़बान, मुजफ़्फ़रनगर और नोएडा से लेकर महाराजगंज-बलिया तक की ज़बान हावी है। भाषा का असली जनतन्त्र अगर कहीं है तो यहीं है, यहीं है, यहीं है। इसे समझने के लिए आपको किसी मिसाल की ज़रूरत हो तो सवेरे-सवेरे हिन्दी का कोई अख़बार उठाकर मुख्यमन्त्री मायावती बनाम श्री मुलायम सिंह यादव के बीच 'पोलेमिक्स' का आनन्द उठाइए और लखनऊ के पुराने 'अंदाजे गुफ़्तगू' की

ऐसी-तैसी कीजिए।

आज ही के एक अख़बार में सुश्री मायावती का एक वक्तव्य राजसभा सदस्य अमर सिंह के बारे में है। फरमाती हैं, ''अमर सिंह बाहर बहुत शेर बनता है, मगर उत्तर प्रदेश, जहाँ से वह राज्यसभा का सदस्य है, में आने से डर रहा है। इस कागजी शेर से बड़ा महाडरपोक मैंने कहीं नहीं देखा,'' आदि-आदि।

जाहिर है, राजनीतिक बहसों की भाषा बदल गई है और पुरानी वज़ादारीवाली भाषा नाकाफ़ी हो चुकी है। इसलिए मैंने, एक भाषाशास्त्री होने के भ्रम में, अपनी जान-पहचान के कुछ राजनीतिक नेताओं का एक सेमिनार आयोजित किया और कोशिश की कि बहस-मुबाहसे की नई भाषा का एक मानक स्थिर किया जाए। सेमिनार का संयोजक एक ऐसे पुराने समाजवादी को नियुक्त किया जो कभी राजनारायण का शिष्य रह चुका था। अपने आरम्भिक भाषण में ही उसने सेमिनार के उद्देश्य को पलीता लगा दिया, बोला, ''राजनीतिक की भाषा का मानकीकरण ! वाह, क्या ख़याल है ! चाहे विधानसभा में हो या उसके बाहर, सत्तापक्ष की ओर से हो या प्रतिपक्ष की ओर से, भूल जाइए कि लोकतन्त्र में अब आपकी बनावटी, छल-छद्म की भाषा चलेगी। वहाँ वही भाषा बोली जाएगी जो जनता की रोजमर्रा की भाषा होगी। जी हाँ, गाली-गलौज भी चलेगा। क्यों न चले ? जनता अब इलीट की ज़बान नहीं बोलेगी, अपनी ज़बान में बात करेगी। क्या समझे आप लोग ? तभी इस जनभाषा में नई चमक आएगी। नया संस्कार आएगा।'' तालियाँ ! तालियाँ !

वातावरण को सहज बनाने में कुछ वक़्त लगा। अब प्रश्नोत्तर शुरू हुए। संयोजक ने कहा, ''आपको अपने दुश्मन से, यानी नेता विरोधी दल से मुखातिब होना है तो उसे आप क्या कहकर पुकारेंगे–'आप ?', 'तुम' या 'तू' ?''

''तू,'' एक नए नेता ने छूटते ही जवाब दिया।

''बिलकुल सही,'' संयोजक ने उसकी पीठ थपथपाई।

''अगर वह ग़ैरहाज़िर हुआ तो उसे क्या कहा जाएगा ? 'वे' या 'वह' ?''

''वह। अगर कहना हुआ कि 'माननीय नेता विरोधी दल भरोसेमन्द नहीं हैं', तो मैं कहूँगा, वह चोरों का सरदार है।''

''बिलकुल सही।''

नया नेता जोश में आ गया। बोला, ''मैं यह भी जोड़ दूँगा कि उसे जेल में सड़ना पड़ेगा।''

''यही ठीक रहेगा,'' संयोजक ने कहा।

सेमिनार में एक सांस्कृतिक राष्ट्रवादी भी शरीक थे। उन्होंने खड़े होकर कहा,

“इस पूरी गोष्ठी का उद्‌देश्य ही दूषित है। यहाँ निकृष्ट भाषा और उससे भी निकृष्ट विचार सिखाए जा रहे हैं। मैं इस सत्र का बहिष्कार करता हूँ।”

तभी एक दूसरे विद्वान ने उन्हें रोका, “जाने के पहले उत्कृष्ट भाषा का एक श्लोक सुनते जाइए।”

श्लोक की अन्तिम पंक्ति थी : ‘हाँ। हन्त। हन्त। नलिनीं गज उच्चहार !’ कोई भौंरा सूर्यास्त के समय कमल के अन्दर बन्द हो गया था। वह आशावादी था। सोच रहा था कि सवेरा होगा, कमल फिर से खिलेगा, मैं मुक्त हो जाऊँगा। पर हाय ! हाय ! तब तक एक हाथी ने आकर कमल को उखाड़कर फेंक दिया।

विद्वान ने कहा, “याद रखिए, बाहर जहाँ भी जाएँगे, आपको यही निकृष्ट भाषा मिलेगी। जिह्‌वा नदीवत्। वह कूड़ा-कचरा भी बहा ले जाती है। यह भी याद रखिए, कमल और हाथी का साथ ज़्यादा भरोसेमन्द नहीं रह पाता।”

*[7.5.2003]*

# विश्वबाज़ार की चपेट में हिन्दी

विश्वबाज़ार के प्रसंग में हिन्दी के सौभाग्य का क़िस्सा बाद में; पहले याददिहानी के लिए कुछ ज़रूरी बातें : भारत की लगभग सौ करोड़ आबादी में कम-से-कम पैंसठ करोड़ लोग किसी न किसी रूप में हिन्दी से जुड़े हैं। संख्या के हिसाब से यह विश्व में तीसरे स्थान पर मानी जाती है।

भले ही आप इसे महात्मा गांधी की सनक कहें, स्वतन्त्रता-आन्दोलन के दिनों में हिन्दी को राष्ट्रभाषा का दर्जा दिया गया था। आज़ादी मिलते ही राष्ट्रभाषा की जगह राष्ट्रभाषाओं ने ले ली। यानी, अब कोई क्षेत्रीय भाषा नहीं रही, सभी राष्ट्रभाषा बन गईं। पर हिन्दी को अब केन्द्र की राजभाषा का दर्जा दे दिया गया, जिसका अर्थ उसके हाथ में ऐसा झुनझुना पकड़ाना था जो कभी-कभी आवाज़ करने के सिवाय–वह भी नक्क़ारखाने में तूती जैसी–कुछ और नहीं कर सकता था।

इस राजभाषा की पीठ पर कठखनी बन्दरिया जैसी एक दूसरी राजभाषा लाद दी गई जिसका नाम अंग्रेज़ी है। आधी शताब्दी में हिन्दी कुछ सरकारी अनुष्ठानों और कर्मकांडों की भूमिका में सिकुड़ गई; वैसे ही, जैसे महात्मा गांधी अपनी पूरी गरिमा के बावजूद 2 अक्तूबर और 30 जनवरी में सीमित हो गए। दूसरी ओर अंग्रेज़ी का अविवादित वर्चस्व ज्ञान-विज्ञान के संस्थानों, शिक्षण और शोध की संस्थाओं, उद्योग, व्यापार, वाणिज्य, चिकित्सा, विधि आदि के क्षेत्रों में फैलता गया। अद्भुत तेजी से बढ़ते हुए मध्यवर्ग या अभिजात वर्ग की कृपा से अंग्रेज़ी अब औपनिवेशिक इंग्लिश–नहीं, नहीं, वह खाँटी भारतीय 'हिंग्लिश' बन गई। पहली भाषा दास-भाषा की हैसियत के क़रीब पहुँच गई; दूसरी का आतंक दस्यु-भाषा जैसा हो गया।

हिन्दी को राजभाषा बनने की एक और सज़ा मिली। उसे राजकर्म के लायक बनाने की आड़ में उसके स्वरूप को दुरुह और बनावटी शब्दों का इंजेक्शन

लगाकर विकृत किया जाने लगा। यहाँ तक कि मामूली आदमी अपनी ही भाषा से ख़ौफ खाने लगा। ख़ौफनाक अनुवाद की भाषा का एक नमूना देखिए जो साबित करता है कि हिन्दी राजभाषा होने लायक़ हो या न हो, महाराज भाषा तो बन ही गई है : 'जहाँ कि सम्पत्ति के किसी अन्तरण के निबन्धन निर्दिष्ट करते हैं कि...'

'वहाँ एतस्मिन्पश्चात् यथा—उपबन्धित के सिवाय ऐसा निदेश वहाँ तक शून्य होगा जहाँ तक कि वह कालावधि जिसके दौरान में संचय करना निदिष्ट है, पूर्वोक्त कालावधियों में से दीर्घतर कालावधि से अधिक हो और ऐसी अन्तिम वर्णित कालावधि का अन्त होने पर सम्पत्ति और उसकी आय इस प्रकार व्ययनित की जाएगी मानो वह कालावधि जिसके दौरान में संचय करना निदिष्ट किया गया है, बीत गई है।' *(सम्पत्ति अन्तरण अधिनियम, 1882 की धारा 17(1)*

यक़ीनन कुछ ऐसे माई के लाल ज़रूर होंगे जो इस भाषा का तिलिस्म तोड़कर इसी के सहारे न्यायालय में पैरवी कर लेंगे। पर उन्हें खोजने के लिए अलग से एक ख़ुफ़िया विभाग बनाना पड़ेगा।

इस पृष्ठभूमि में कितना दिलचस्प है समय-समय पर उन विश्व हिन्दी सम्मेलनों का आयोजन जो इंग्लैंड, मॉरिशस, त्रिनिदाद जैसे देशों में रचाए जाते हैं। अगले जून में होनेवाला सम्मेलन सूरिनाम में हो रहा है, जहाँ की कुल आबादी लगभग साढ़े चार लाख है और उसमें भारतीय मूल के केवल 1,50,000 लोग हैं। हमारी ज्ञान-गुन-सागरी आस्था का भोलापन देखिए ! हमें यक़ीन है कि एक ऐसे देश में, जिसकी विश्वमानचित्र में शिनाख़्त आतिशी शीशे की मदद से ही हो सकती है, हम ऐसा धमाका करेंगे कि हिन्दी भारत की संसद में चले या न चले, संयुक्त राष्ट्र में ज़रूर दौड़ने लगेगी।

हमारी आस्थाओं का भोलापन यहीं तक सीमित नहीं है। भारत में हिन्दी की हालत से असम्पृक्त रहकर भी कुछ लोग विश्वबाज़ार में हिन्दी के वर्चस्व का सपना देखने लगे हैं। इस सपने के यथार्थ का परीक्षण करने के लिए भारतीय औद्योगिक विकास बैंक की पहल पर कुछ दिन पहले बैंकों और वित्तीय संस्थाओं के वरिष्ठ अधिकारियों की एक संगोष्ठी लखनऊ में आयोजित हुई। यह हिन्दी का दुर्भाग्य है कि विश्वबाज़ार में, आर्थिक ग्लोबलाइजेशन और सांस्कृतिक अवदान के प्रसंग में, उसका भविष्य धुँधला है पर यह उसका सौभाग्य मानना चाहिए कि उसकी स्थिति के विश्लेषण में सपने नहीं देखे गए। बेपर की नहीं उड़ाई गई। हिन्दी के पर कतरे हुए हैं। किसी ने जोश में आकर यह नहीं कहा कि 'जा, खुले आसमान में उड़ान भर !' वस्तुनिष्ठता से विश्लेषण हुआ।

यथार्थ विश्लेषण के नतीजे जगजाहिर हैं—यहाँ भी विश्वबाज़ार में उत्पाद की प्रक्रिया में हिन्दी कहाँ है ? कहीं नहीं ! उस प्रक्रिया में प्रयोज्य टेक्नोलॉजी का हिन्दी से कोई रिश्ता ? कुछ नहीं ! विशाल बहुदेशीय कम्पनियों के कार्य-व्यापार में हिन्दी कहाँ है ? कहीं नहीं, सिवाय उस व्यापार के, जहाँ हिन्दी क्षेत्र को ये कम्पनियाँ खुदरा बाज़ार की तरह इस्तेमाल करती हैं ! हिन्दी में कम्प्यूटर सॉफ्टवेयर का बाज़ार विकसित होने की क्या सम्भावना है ? बहुत कम, क्योंकि सॉफ्टवेयर का उपयोग करनेवाला औसत भारतीय अंग्रेज़ी पसन्द करता है और वह उसे अंग्रेज़ी में पहले से उपलब्ध है।

तब विश्वबाज़ार में हिन्दी की भूमिका घूम-फिरकर 'हिन्दोस्तां हमारा' में ही रह जाती है। साबुन, डिटर्जेंट, टूथपेस्ट, चॉकलेट आदि ही नहीं, फ्रिज, टी.वी., वॉशिंग मशीन, बचत योजनाओं आदि के विदेशी कम्पनियों के विज्ञापन आप छोटे क़स्बों में हिन्दी में लगे देख सकते हैं। सोनी और स्टार के हिन्दी में डब किए हुए कार्यक्रमों पर खुश हो सकते हैं। हिन्दी-अंग्रेज़ी के ऊलजलूल मिश्रण पर तालियाँ पीट सकते हैं। इन उत्पादों के सहारे आप एक और अपनी स्थानीय संस्कृति को छोड़कर विश्व संस्कृति का दम भर सकते हैं और दूसरी ओर इस आदान-प्रदान से विदेशी कम्पनियों को 'ठंडा-ठंडा कूल-कूल' वाली हिन्दी की दीक्षा भी दे सकते हैं।

*[21.5.2003]*

# सड़क साहित्य और लँगड़े शेर

'*बीवी तलाशने को आए नरेश मेहता।*' यह सपाट मिसरा, जो एक अख़बारी रिपोर्ट जैसा है, जगदीश गुप्त की रचना है। 35-40 साल पहले इलाहाबाद के किसी साहित्यिक आयोजन में कई महिलाएँ एक कमरे में विराजमान थीं। वहाँ नरेश मेहता ने आकर सिंहावलोकन किया। वे पत्नी महिमा जी को खोज रहे थे। वे वहाँ नहीं थीं, पर उनके पीछे जगदीश गुप्त थे। उन्होंने यह मिसरा कहा और सड़क साहित्य में एक नई ग़ज़ल की नींव रखी।

उस शाम कॉफ़ी हाउस से कवियों का एक दल इलाहाबाद की सिविल लाइंस की सड़कों पर निकला। दल में प्रायः विजयदेव नारायण साही, लक्ष्मीकान्त वर्मा, जगदीश गुप्त, केशवचन्द्र वर्मा, विपिन अग्रवाल, सर्वेश्वर दयाल सक्सेना आदि होते थे—पहले धर्मवीर भारती भी। तय हुआ कि इस मिसरे को आधार बनाकर पूरी ग़ज़ल कही जाए। इस तरह रचे जानेवाले साहित्य को वहाँ सड़क साहित्य कहते थे। इसमें शिरकत करनेवालों के लिए एक शर्त थी कि जो भी शेर कहें, वह अपने शिल्प में कच्चा न हो, काफ़िया-रदीफ़ आदि में कोई झोल न हो, यानी शेर लँगड़ा-लूला न हो।

शेरों के कसाव को क़ायम रखने के लिए किसी ने सलाह दी कि ग़ज़ल में आए नरेश मेहता को रदीफ़ माना जाए।

पर साही इसे कुछ ज़्यादा ही दिक्कतलब बनाना चाहते थे; उन्होंने सलाह दी : "बीवी में बी पर काफ़िया लगाया जाए, बाकी पूरी पंक्ति, यानी...*वी तलाशने को आए नरेश मेहता* का रदीफ़ में इस्तेमाल हो।"

शायरी में रदीफ़ की तवालत का यह अनोखा कीर्तिमान है। काफ़िया तंग, रदीफ़ का निभाव मुश्किल। फिर भी जवांमर्दों ने पूरी कोशिश की। दो नमूने :

*जब रेडियो के अन्दर कुछ दाल गल न पाई,*
*टी.वी. तलाशने को आए नरेश मेहता;*

या

*ले करके सब्ज़ी-वब्ज़ी और साथ में नमक भी,*
*घी-वी तलाशने को आए नरेश मेहता।*

सड़क साहित्य के कुछ और नमूने देखिए :

*बम्बई में बैठकर वे शेर कहने लग गए,*
*जो कि अपने थे उन्हें वे ग़ैर कहने लग गए।*

यह शेर तब कहा गया जब 1959 में धर्मवीर भारती 'धर्मयुग' के सम्पादक होकर इलाहाबाद से बम्बई चले गए थे और अपने एक अग्रलेख में उन्होंने एकाध शेर उद्धृत किए थे :

*एक समुन्दर बेबसी का सामने फैला दिया,*
*टाँग मेरी तोड़ दी और 'तैर' कहने लग गए।*

यही नहीं, शहरों में सवेरे का एक सुपरिचित दृश्य देखिए :

*दूध लाने को सुबह की सैर कहने लग गए।*

सड़क साहित्य के स्फुट शेरों और ग़ज़लों की इतने दिन बाद अगर याद आई है तो अचानक ही नहीं। इसका कारण है। हिन्दी की अनेक पत्र-पत्रिकाओं में इस समय ग़ज़लों का उफान दिखाई देता है। पर, दो-चार अपवादों को छोड़कर वहाँ नौसिखियापन की बहार है। बहुतों को ग़ज़ल का स्वभाव पहचानने का शऊर नहीं। कहीं भयानक सपाटपन, कहीं शिल्प में भीषण कच्चापन ! सपाटपन का एक नमूना :

*लोक सेवा अब नहीं मकसद रहा,*
*नाम की ही रह गई सरकार अब।*

**—'अक्षर पर्व', रचना वार्षिकी-02**

या

*मेरे पिता को नहीं अच्छा लगता एम.टी.वी.*
*यही वजह है वो चैनल बदलने आया है।*

**—'परिचय'-04**

और दूसरे चरण का यह लँगड़ा शेर :

*पहले सैलाब अँधेरे का नज़र आता है,*
*फिर कहीं रोशनी दिखाई देती है।*

**—महफ़िले अदब, 'रस रंग' में उद्धृत**

यही कारण है कि आज पुराने सड़क साहित्य की याद आई है, जो अपने हलके-फुलके स्वभाव और खिलंदड़ेपन के बावजूद ग़ज़ल की शिल्प का पूरा-पूरा सम्मान करता था। शोध करके उसे पुनर्जीवित किया जाना चाहिए।

ग़ज़ल के तन्त्र की नज़ाकत समझने के लिए एक ख़ास मिजाज़ चाहिए, जो खड़ी बोली हिन्दी की कविता के स्वभाव से कुछ अलग है। तभी हिन्दी के बड़े-बड़े दिग्गज कवि भी ग़ज़ल के मैदान में खेत रहे हैं। निराला ने भी ग़ज़लें लिखी थीं, पर यहाँ वे कई बार लड़खड़ाए हैं। बच्चन ने अपने लेख 'वह मतवाला निराला' में उनकी एक ग़ज़ल उद्धृत की है जो यूँ शुरू होती है :

*आँख के आँसू न शोले बन सके तो क्या हुआ !*

'तो क्या हुआ' तो रदीफ़ बन गया; अब 'शोले' का काफ़िया लगाते हुए निराला कहते हैं :

*धार से निखरे हुए ऋतु के सुहाए बाग़ में*
*आम भरने के न झोले बन सके तो क्या हुआ !*

वैसे ही इनकी एक ग़ज़ल शुरू होती है :

*भेद कुल खुल जाए वह सूरत हमारे दिल में है।*

अब 'दिल' का काफ़िया देखिए :

*हाथ मत डालो, हटाओ पैर बिच्छू बिल में है।*

'शोले' का 'झोले' और 'दिल' की तुक 'बिल' ! क्या ख़ूब धुनाई हो रही है ग़ज़ल की सोंटे से !

उर्दू के ग़ज़ल प्रेमी हिन्दी कवियों की ग़ज़ल आसक्ति पर प्रायः राजनयिक चुप्पी साधे हुए हैं। फिर भी, अपवाद के रूप में तुफैल चतुर्वेदी अपने प्रकाशन 'रस रंग' के अंकों में, जो ग़ज़ल को ही समर्पित है–हिन्दी ग़ज़ल की समीक्षा के बहाने उसके कच्चेपन का जिक्र करते रहते हैं। एक हिन्दी विद्वान के ग़ज़ल सम्बन्धी लेख पर, जिसमें उनके उद्धृत शेर तुफैल को बेतुके जान पड़े हैं, उनका कहना है कि 'क़लम का इस्तेमाल सोच-समझकर होना चाहिए, यह पाजामे में नाड़ा डालने का उपकरण नहीं है।" वह मानते हैं कि कई कवि विचार और कथ्य के स्तर पर सक्षम हैं, पर उनमें से कई 'शिल्प में मार खाते हैं'। पारम्परिक कविता में हाथ डालने के पहले कवियों को निराला की चेतावनी याद रखनी चाहिए :

*बिच्छू बिल में है !* भले ही 'बिल' 'दिल' की तुक हो।

*[4.6.2003]*

# त्रिशूल, तलवार, लाठी वग़ैरह

स्वामी चिन्मयानन्द उवाचः–'त्रिशूल हमारे धर्म का अंग है, तलवार भी एक जाति विशेष से जुड़ी है, पर लाठी ? उसकी तो कोई ऐसी हैसियत नहीं।' गृह राज्यमन्त्री का पद सँभालने के बाद के उद्‌गार।

नुक्कड़ पर पान की दुकान के सामने खड़े हुए, बौद्धिकतापूर्ण राजनीति का सड़कछापीकरण करनेवाले चार-पाँच नौजवानों में से एक ने, जो निश्चय ही अपने को गर्व से हिन्दू नहीं कहता था, चिढ़ी आवाज़ में कहा, "यह त्रिशूल हमारे धर्म का अंग कब से हो गया ?"

"जब से शंकर भगवान ने उसे हथियार बनाकर पकड़ लिया," दूसरे ने जवाब दिया।

"फिर भी, त्रिशूल से हिंसा टपकती है। इससे अच्छा तो..."

तीसरे की बात काटते हुए चौथे ने कहा, "पर जोधपुर के न्यायाधीश इसे नहीं मानते। उनका फैसला है कि जो त्रिशूल दीक्षा में दिया जा रहा है, वह न तो हमले का हथियार हो सकता है, न ही बचाव का।"

"यानी जो हैसियत पोशाक में नेकटाइ की है, वही त्रिशूल की। दोनों का कोई मतलब नहीं, सिवाय इस भ्रम के कि उसे धारण करने से आप ज़्यादा ख़ूबसूरत दिखेंगे," दूसरा बोला।

तीसरा अपनी कटी बात पूरी करने में लगा था, बोला, "इससे अच्छा तो यह होता कि त्रिशूल की जगह डमरू की दीक्षा दी जाती। डमरू भी शंकर का हथियार है।"

"अहा, क्या महान दृश्य है !" एक ने कहा, "लगभग सत्तर करोड़ हिन्दू दोनों हाथों में डमरू लिए हुए, एक साथ डिमिक-डिमिक का महान शब्द निकाल रहे हैं। उससे भयभीत हो सारे शत्रु–असली हों या ख़ामख़याली के–दुम दबाकर दुबके पड़े हैं। इस महानाद की आँधी में दरिद्रता, असमानता, जातिगत भेदभाव–

सब उड़कर न जाने कहाँ गायब हो गए हैं !''

पाँचवें ने पहली बार मुँह खोला, कहा, ''दरिद्रता-वरिद्रता तो ठीक, पर जाति-भेद गायब हो गया तो हिन्दुत्व में बचा ही क्या ?''

''बची तलवार और लाठी,'' दूसरा बोला।

''सही बात। खड्ग और दंड। दोनों माँ दुर्गा के हथियार हैं,'' तीसरे ने कहा।

''हैं नहीं, थे। अब एक को अमर सिंह ने हथिया लिया है, दूसरे को लालू यादव ने।''

पहला चिढ़कर बोला, ''तलवार अमर सिंह का पुश्तैनी हथियार कैसे हो गई ? कैसे कह सकते हो कि यह जाति विशेष की चीज़ है, तलवार मुग़लों के भी हाथ में थी। और मुग़लों की तलवार क्षत्रियों की तलवार पर भारी पड़ी।''

''झूठ बात। यह छद्‌म सेकुलरवादियों का दुष्प्रचार है। सच यह है कि हम आज तक किसी से नहीं हारे,'' तीसरा बोला।

चौथे ने कहा, ''छोड़ो भी इतिहास को। जो बकवास है, वही इतिहास है।''

पाँचवाँ कुछ सोच रहा था, भौंहें सिकोड़कर बोला, ''मुग़ल भारी पड़े हों या क्षत्रिय, सच तो यह है कि लड़नेवाली जातियाँ अनेक थीं और असली हथियार दोनों ओर एक था : तलवार। यानी अनेकता में एकता। भाइयो, तलवार अनेकता में एकता का प्रतीक है।''

सन्नाटा। दूसरे ने कहा, ''स्वामी जी लाठी की हैसियत को नकार रहे हैं, पर अनेकता में एकतावाली थ्योरी लाठी पर ज़्यादा फिट बैठती है। लाठी आदिम मानव का हथियार रही, भगवती का हथियार तो है ही, 21वीं शताब्दी में वह राजद का हथियार है और स्वामी जी जानते हैं, संन्यासियों के कई पन्थ हैं, जहाँ वे भी लाठी रखते हैं। गिरिधर कविराय के दिनों में यह बुनियादी तौर से झपटकर कुत्ते को मारने के लिए थी या नदी-नाले पार करने के लिए। अब मान भी लो भाई, लाठी में गुन बहुत हैं। तेल पी हुई लाठी की सांस्कृतिक सुगन्ध का मुकाबला तलवार या त्रिशूल नहीं कर सकता। यहाँ तक कि मूसल भी नहीं।''

''मूसल !'' पहले ने कहा, ''यह कहाँ से टपक पड़ा ?''

''वहीं से जहाँ से त्रिशूल टपका था। त्रिशूल विहिप के हाथ लगा, मूसल सपा के।''

''हाँ, सपा। कुछ दिन पहले हमने पढ़ा था, सपा के किसी ने कहा कि ज़रूरत पड़ी तो हम त्रिशूल के मुकाबले मूसल की दीक्षा देंगे।''

''सपा के अध्यक्ष माननीय मुलायम सिंह यादव ही हैं न ?''

''उससे क्या हुआ ?''

"हुआ यह कि महाभारत और पुराणों के अनुसार द्वारिका में यादवों के विनाश के पीछे एक मूसल ही था।"

"अबे, मनुवादी हो गया है क्या ? पुराणों की गप्पें 21वीं सदी के माहौल में ठोक रहा है ?"

"वे भी तो त्रिशूल, तलवार, लाठी, मूसल जैसी आदिम दिनों की चीज़ें 21वीं सदी में ठोक रहे हैं।"

ख़ामोशी। तब एक ने धीरे से कहा, "तब क्या करें ?"

दूसरे ने जवाब दिया, "जिन बेरोज़गार, दलित या पिछड़े नौजवानों के हाथ में लाठी-मूसल पकड़ाए जा रहे हैं, उनके हाथों में किताब क्यों न दी जाए ? मैंने पढ़ा है कि केरल के विकास का सबसे बड़ा कारण यही था कि लोगों के हाथों में किताब दी गई।"

पाँचवें ने कहा, "कौन-सी किताब ?"

इसका जवाब मिल पाता, इसके पहले ही पाँचवाँ ठठाकर हँसा, बोला, "यही तो पेंच है। किताब भी आसानी से हथियार नहीं बनती, वह भी त्रिशूल की तरह सौन्दर्य प्रसाधन बनकर रह जाएगी अगर हमें अपने मकसद का पता न हो। माता सरस्वती के हाथों में क्या है ? वीणा और पुस्तक ? किसी से पूछो कि इस पुस्तक का क्या नाम है तो चकरा जाएगा। किसी भी राजनीतिक पार्टी से पूछ लो : है कोई किताब जिसे बामन, ठाकुर, लोहार, चमार, ईसाई, मुसलमान– सब एक साथ पढ़ सकते हों और उसके सहारे एक-सा सपना देख सकते हों ? पूछते ही रह जाओगे !"

*[18.6.2003]*

# सपना अभी भी है

पारामारिबो, सूरीनाम की राजधानी से हम यानी मैं और प्रभाष जोशी, पश्चिम की ओर 250 कि.मी. दूर नाइकेरी जा रहे हैं, जिस देश में 90 प्रतिशत भूमि पर जंगल हो और 10 प्रतिशत पर आबादी, वहाँ इस सड़क को सुनसान होना ही था। अचानक एक पुलिस चौकी दिखती है, पोस्ट कैलकटा, यानी कलकत्ता चौकी। हम रुक जाते हैं। चौकी के इंचार्ज भारी-भरकम इण्डोनेशियाई हैं (भारी-भरकम होना यहाँ के अधिकांश निवासियों की आदत है)। जोशी जी उधर के अपराधों का हालचाल ले रहे हैं। कारों की चोरी इस इलाके का लोकप्रिय शौक़ है। यह भारतवंशियों का क्षेत्र नहीं, पर आज वही–आबादी का 40 प्रतिशत–हमारी जिज्ञासा के निशाने पर हैं। उनका दूसरा गढ़ नाइकेरी में है, पहला राजधानी में।

कार की गति घटाने का इशारा देती सामने से एक पिकअप आ रही है। हमारे ड्राइवर इरशाद बताते हैं, "गाय-गोरू आ रहा है।" तेज़ी से बढ़ते गायों के गिरोह में भारतीय चलन के अनुसार कार धँसा देने की जगह वे सड़क गाय-गोरू के लिए छोड़ कार किनारे लगा देते हैं।

यहाँ हमें सड़क पर पहले भारतवंशी मिलते हैं। दोनों गायों के रखवाले हैं–मैली कमीज़-टीशर्ट और शॉट्र्स में। जोशी जी पूछते हैं, "भारतीय ?" उनके सामने भव्य धोती-कुरते में जोशी जी की दिव्यता है। गद्गद होकर वे पण्डित को प्रणाम करते हैं, "आपनि से मिलकर बड़ा खुसी हुआ।" पण्डित और धोती-महिमा का यह हमारे लिए पूर्वाभास भर है।

दो सौ किलोमीटर बाद काइनेरी नदी पार करते ही नदी किनारे हाइनार गाँव है। कच्ची, सर्पिल, कीचड़-भरी सड़क। खूब हरा-भरा। डच शैली के कॉटेजनुमा मकान, कुछ विपन्नता भी, पर भारत की दरिद्रता से अलग क़िस्म की। कई मन्दिर। नदी किनारे 'गंगा घाट' नाम के मन्दिर में मकरवाहिनी गंगा की मूर्ति :

अलग मठिया में शंकर जी, हर घर के सामने देवता के निमित्त लगी ध्वजाएँ।

एक साफ़-सुथरे मन्दिर में भगवन्ती पुजारिन मिलती है। स्कर्ट-ब्लाउज में; सिर पर जालीदार सफ़ेद स्कॉर्फ। धोती-कुरता देखते ही 'अरे पण्डित', 'अरे बाबा' का उल्लास-भरा स्वागत, जैसे उनके पुरखों का भारत सामने सशरीर खड़ा है। पूर्वी उत्तर प्रदेश और बिहार में ब्राह्मण 'बाबा' और ठाकुर 'बाबू' हैं, तभी हम दोनों 'बाबा' हैं।

और लोग आते हैं–उनमें कुमार प्रसाद हैं। पुष्ट देह, प्रौढ़, पर युवा जैसे। उम्दा अंग्रेज़ी बोलते हैं–नई पीढ़ी के सांस्कृतिक ह्रास पर चिन्तित। एक घर गयाना में भी है। वे साग्रह यहाँ मन्दिर के पीछे अपने घर ले जाते हैं। वहाँ बरामदे में पंजीरी-हलुआ बन रहा है, पूड़ियाँ छन रही हैं। गयाना में कई हज़ार हेक्टेयर के फार्म में उन्हें सुपरवाइजर का काम मिला है। उसी उपलक्ष्य में आज शाम मन्दिर में पूजा होगी, भोज होगा।

अर्घ्य, पाद्य के रूप में पाँवों पर पानी डलवाकर हम अन्दर बड़े कमरे में आते हैं। कुछ लोग कुर्सियों पर, कुछ टाइलवाले फर्श पर बैठते हैं। प्रसाद की पुत्री, पौत्रियाँ प्रणाम करने आती हैं। अन्त में श्रीमती प्रसाद आती हैं : स्कर्ट, ब्लाउज, स्कार्फ में; हर उँगली में अँगूठी, गले में सोने के नेकलेस, चेन, चरण-स्पर्श के बाद वे हम दोनों बाबाओं की जेब में 10-10 हजार गुल्डेन (लगभग चार डॉलर) के नोट डाल देती हैं। हमारे निषेध का कोई अर्थ नहीं। ''बाबा, दक्षिणा तो लेनी ही होगी।'' भगवन्ती पुजारिन इस चलन का पुरज़ोर अनुमोदन करती हैं।

बातें हो रही हैं : इधर से हिन्दी में, उधर से 'सरनामी' यानी अवधी, भोजपुरी और कुछ डच शब्दों के मिश्रण में। उन्हें पता नहीं कि उनके पुरखे भारत में कहाँ से आए, पर भारत उनका सपना है। हम दोनों उस सपने को सघनता दे रहे हैं, वैजयन्तीमाला और राजेन्द्र कुमार भी, जिनका हालचाल प्रसाद पूछ रहे हैं। मैं उनका परिचय ऐश्वर्य और शाहरुख से कराता हूँ। अचानक वे कहते हैं, ''मैंने आपका चेहरा किसी फिल्म में देखा है।'' मैं कहता हूँ, ''नामुमकिन !'' पर वे अटल हैं, मुझे लेकर सपने में नया मोड़ लाते हैं, उसमें फंतासी जोड़ते हैं।

भगवन्ती के अलावा जितने लोग मिले, किसी ने भारत नहीं देखा, पर सभी मन्दिर, ध्वजा, रामचरितमानस, हनुमान चालीसा आदि के सहारे सपने को जीवन्त बनाए हैं।

कायनेरी में अकेले डायमंड हीरासिंह मिले जिन्हें कुछ याद पड़ा कि उनके

पुरखे ‘सुल्तानपुर’ से आए थे। वे भी एक बड़े मन्दिर में पुजारी हैं। यहाँ भी उल्लासपूर्ण ‘पण्डित’, ‘बाबा’ ! दक्षिणा में दोनों बाबाओं को पाँच-पाँच डॉलर। हम भी मूर्तियों पर कुछ चढ़ाते हैं। परिवार में तीन पीढ़ियाँ। सभी हमारे पैर छूते हैं। एक पोती सामने आते हुए झेंपती है। ‘आ ! बाबा क गोड़ लाग’ का सम्मन अन्त में कारगर होता है। अचानक वह बेझिझक आती है, ‘गोड़ लाग’ के बाद अपनी हथेली जोशी जी के आगे कर देती है। जोशी जी भाग्य-रेखाएँ देखना नहीं जानते। शायद हीरासिंह को झटका लगा है; पूछते हैं, “बाबा, चालीसा कौन-सा बाँचते हैं ?”

“ज़रूरत हुई तो उपनिषद् और वेद की ऋचाओं का पाठ करता हूँ।”

बात ऊँची है, हीरासिंह पस्त हो जाते हैं।

पता चलता है कि कई पण्डित-बाबे वर्ष में दक्षिणा के निमित्त इन घरों में आकर चरणरज गिराते हैं। सूरीनाम के भारतीयों में जातपात जैसी कोई चीज़ नहीं, पर भारत के बसपा पीड़ित मनुवादी पण्डितों के लिए अभी सबसे ज़्यादा सुरक्षित कांस्टीचुएंसी सूरीनाम ही में बची है।

दक्षिणा-लाभ के डर से नए जजमानों से मिलने का इरादा छोड़ हम कायनेरी के निकट बहती, सूरीनाम और गयाना की सीमा-रेखा कोरांतिज्र नदी का आतंकपूर्ण दर्शन करते हुए पारामारिबो लौटते हैं जहाँ सातवें विश्व हिन्दी सम्मेलन में राष्ट्रीय समस्याओं के स्तर पर पिटी हुई हिन्दी अन्तर्राष्ट्रीय समस्याओं का मुदित मन से मुकाबला कर रही है।

*[2.7.2003]*

# भेजें, कि न भेजें

राजनीतिक टिप्पणीबाज़ी हथेली में पिघलती बर्फ़ रखने जैसा काम है। जब तक आप आख़िरी जुमले तक पहुँचें, वह पानी बनकर नीचे टपक चुकी होती है। अजब नहीं कि यही हाल इस टिप्पणी का भी हो। जब तक मैं अपनी कॉफ़ी हाउस चर्चा के सहारे विदेश मंत्रालय को अमेरिकी अनुरोध पर भारतीय सेना को इराक भेजने की संकटपूर्ण समस्या का समाधान सुझाऊँ, अजब नहीं कि वे पहले ही कोई बालसुलभ मनमानी कर चुके हों, फिर भी, हमारा काम है सरकार को उसका काम सिखाना और आज शाम हम तीन-चार दोस्त कॉफ़ी हाउस में बैठकर यही कर रहे थे।

ऐरा ने कहा, ''अमिताभ घोष की टिप्पणी पढ़ी तुम लोगों ने ? भारतीय सैनिकों को विदेशों में भेजकर उनसे बदनामी के काम कराना ब्रिटिश राज का पुराना व्यवसाय रहा है। हमारे सिपाही कहाँ नहीं गए ? बर्मा, मलाया और मेसोपोटामिया–जो आज इराक है और ब्रिटिश क्रूरताओं के लिए गाली खाई भारतीय सैनिकों ने। न भूलो मित्रो, जिन्होंने हमें इस तरह इस्तेमाल किया और हमें बदनाम कराया, टोनी ब्लेयर उन्हीं के वंशधर हैं।''

ग़ैरा बोले, ''तुम व्यावहारिक राजनीति में–घामड़ तो नहीं कहूँगा क्योंकि वह अश्लील शब्द नहीं है–एकदम भोले हो। अमेरिका के साथ बरसों बाद हमारे अन्तरंग, असली सम्बन्ध बन रहे हैं। क्या समझे ? अमेरिका कहता है और ग़लत नहीं कहता कि अभी अपनी सेना इराक भेजकर हम आतंकवाद के खिलाफ़ अमेरिकी-ब्रिटिश शक्तियों के महान समुदाय में अपनी हाज़िरी दर्ज कराएँगे। यह बड़ी बात होगी। होगी न ? खाड़ी देशों में इससे भारत का दबदबा बढ़ेगा। बढ़ेगा न ? और फिर, इराक के पुनर्निर्माण में हमारी कम्पनियों को अरबों डॉलर के ठेके मिलेंगे। मिलेंगे न ? ज़रा सोचिए।''

''ठेके सबसे पहले मिलेंगे अमेरिकी बहुराष्ट्रीय कम्पनियों को या ब्रिटेन के

सौदागरों को। अन्त में भारत को नाश्ते की मेज पर गिरा कुछ चूरा भर मिलेगा। तब तक विद्रोही भीड़ पर गोली चलाकर हमारे सैनिक ख़ुद को अमेरिकी-ब्रिटिश जत्थे से भी ज़्यादा घृणित बना चुके होंगे। हित अमेरिका-ब्रिटिश के होंगे, हाथ हम भारतीयों के।'' यह वक्तव्य नत्थू का था।

ख़ैरा ने कहा, ''मुझे तो लगता है कि यह हमारा सौभाग्य है कि अमेरिका हमें अहमियत देकर एक अन्तर्राष्ट्रीय दलदल में धँसने का मौका दे रहा है। इसका फ़ायदा उठाओ। धँसो।''

''चुप बे अमेरिकी चमचे !''

''नहीं,'' ख़ैरा बोला, ''मैं अमेरिकी चमचा नहीं हूँ। मैं उन भारतीयों की ओर से बोल रहा हूँ जो अमेरिका में बसे हैं और आइ.टी., शिक्षा, चिकित्सा वगैरह की दुनिया में हिन्दुस्तान का नाम रोशन कर रहे हैं। अगर भारत अमेरिका को नाराज़ करता है तो उनकी क्या हालत होगी, कभी सोचा है ?''

''सोचा है, और यह भी सोचा है कि जन आन्दोलन में वहाँ की जनता पर हमारी फ़ौज ने कभी गोलियाँ चलाईं तो दुबई, कुवैत, दोहा, इराक–सभी अरब देशों में रहनेवाले भारतीयों को क्या झेलना पड़ेगा ? और ख़ुद हिन्दुस्तानी मुसलमानों के दिल पर क्या बीतेगी ?''

ऐरा बोले, ''यानी एक ओर कुआँ है, दूसरी ओर खाई।''

''और,'' ग़ैरा बोले, ''बीच में घबराई, हड़बड़ाई, चौकन्नी, चारों कोनों से बँधी हुई हमारी विदेश नीति। तुम होते तो साउथ ब्लॉक में क्या करते ऐरा मियाँ ?''

''मैं साफ़ कह देता कि जी-8 के देशों के साथ कन्धा रगड़ने का हमें लालच नहीं है, और हमें मालूम है कि तुम्हारे इशारे के बावजूद अभी सुरक्षा परिषद में हमारा घुसना मुमकिन नहीं। और अपनी फ़ौज भेजकर तुम्हारी दादागीरी को क़ानूनी वैधता देना भी हमें मंज़ूर नहीं।''

''इस तरह ऊँचे दरजे की अन्तर्राष्ट्रीय राजनीति में उजड्ड गँवारों की बोली बोलकर तुम क्या साबित करते ?''

''कि अमेरिका जाकर ऐसी बोली बोलने का अख़्तियार सिर्फ़ ख़ुश्चेव को ही नहीं था।''

''तब ?''

नत्थू बोले, ''अमेरिका से कहना है कि अगर संयुक्त राष्ट्र से ऐसा सुझाव आए तो हम यक़ीनन ग़ौर करेंगे।''

''यानी आप संयुक्त राष्ट्र को काग़ज़ी शेर नहीं, सचमुच का शेर मानते हैं ?''

“जी हाँ, जहाँ साफ़ वीराना हो, वहाँ दो-चार छोटे, पर हरे-भरे पेड़ों का झुरमुट मिल जाए, यही क्या कम है ?”

इस दौरान मैं सोचता रहा था। मेरे सोच का असली सौन्दर्य यह है कि हर विचार-विमर्श में मैं अपने सोच को ही सर्वोपरि मानता हूँ। उसी भरोसे से मैंने कहा, “मित्रो, आपकी बहस सुनकर मैं अब अपना सुझाव दे रहा हूँ। उसे सुनो और हम बेरोज़गार बुद्धिजीवियों की राय साउथ ब्लॉक तक पहुँचा दो।

“मैंने बीच का रास्ता निकाला है। हमें अपनी सेना इराक नहीं भेजनी चाहिए। ऐसा करने से हम विश्व के सभी शान्ति प्रेमियों की नज़र में गिर जाएँगे। उसकी जगह वहाँ हमें अपने बहुत-से फ़ालतू सिविलियन लोगों को भेजना चाहिए। आइ. ए.एस. अफ़सरों से लेकर चुंगी के कर्मचारियों तक, लाखों की तादाद में। वर्दी की ही बात हो तो कुछ लाठीधारी होमगार्ड भी। उन्हें छोड़ हमारे सभी सिविलियन उम्दा अंग्रेज़ी बोलेंगे और यहाँ की तरह वहाँ भी कुशलता का भ्रमजाल फैलाएँगे, वे भारत की छवि को नई दिव्यता प्रदान करेंगे। उनके जाने से अमेरिका-ब्रिटेन को जहाँ एक ओर अपने लिए बहुवांछित ‘बफ़र स्टेट’ मिल जाएगा, वहीं भारत को कुछ सालों के लिए लालफीताशाही और भ्रष्टाचार के एक बहुत बड़े ढेर से छुटकारा मिल जाएगा।

“आमीन !”

*[16.7.2003]*

# कलह का अन्त होगा कभी ?

हम लोग कॉफ़ी हाउस में बैठे हुए देश की गम्भीर समस्या पर बहस कर रहे थे। जी नहीं, भुखमरी, बेरोज़गारी, अशिक्षा या कश्मीर नहीं बल्कि वह समस्या जिस पर इन दिनों सभी कुछ-न-कुछ बोलते रहे हैं : अयोध्या में राम मन्दिर की समस्या। इसे आप 'राष्ट्रीय अस्मिता का प्रश्न' जैसा गौरवपूर्ण नाम भी दे सकते हैं, वैसे ही जैसे कि एक अन्दरूनी कलह को 'राष्ट्रीय आन्दोलन' का नाम दे रखा है।

तभी फत्ते भाई आ गए। पूरा नाम फतेह बहादुर सिंह। घरेलू नाम फत्ते, जिसे सुन कई लोग धोखे से उन्हें हिन्दू अस्मिता के बदले मुस्लिम अस्मिता में ले बैठते हैं।

आते ही पूछा, "क्या बात हो रही है ?"

जवाब मिला, "यह भी पूछने की बात है ! राम जन्मभूमि के सिवा और कौन-सी चर्चा..."

"पी.एम. को या तो मन्दिर-निर्माण का क़ानून बनाना चाहिए या गद्‌दी छोड़ देनी चाहिए," बीच में ही वे बोल पड़े।

किसी ने कहा, "मुँह आपका है, आवाज़ विहिप की है।"

फत्ते भाई ने घूरकर देखा, पूछा, "मेरी आँखें क्या लाल-लाल हो रही हैं ?"

"नहीं," मैंने जवाब दिया।

"मेरी भौंहें ? टेढ़ी हुईं या नहीं ?"

"नहीं।"

"होंठ ? फड़क रहे हैं या नहीं ?"

"बिलकुल नहीं।"

"तो इसका मतलब यह हुआ कि मुझे अभी जोश नहीं आया है। ठहरो, मैं अभी बीस मिनट में वापस आता हूँ, तुम्हें जवाब देने के लिए।"

धर्मान्धता का आवेश बुज़दिल को हिम्मतवर बना देने की अचूक दवा है। उसे भंग की गोली की मदद मिल जाए तो क्या कहने ! भंग को पुरअसर बनाने के लिए पन्द्रह-बीस मिनट का 'गेस्टेशन पीरियड' चाहिए। जाहिर है, फत्ते भाई जब वापस आए, वे पवित्र क्रोध से भरे थे, भौंहें और होंठ नॉर्मल थे, आँखें लाल हो रही थीं।

मेज़ पर मुक्का। खिसिआई, भर्राई आवाज़, जिसे फत्ते भाई जोशीली मान रहे होंगे, बोले, "यह मैं बोल रहा हूँ, विहिप नहीं। ऐलानिया कहता हूँ पी.एम. से कि मन्दिर बनाने का क़ानून लाओ, नहीं तो गद्दी छोड़ो।"

"पर अब गद्दी कहाँ रही ? वह तो राजाओं के साथ गईं," मैंने कहा।

एक साथी बोले, "नहीं, हमें फत्ते भाई की बात का जवाब गम्भीरता से देना है। यानी, फत्ते भाई, आप अब न्यायालय का फैसला नहीं मानेंगे और न उसके लिए इन्तज़ार करेंगे ?"

"बहुत इन्तज़ार कर लिया तुम कायरों ने," फत्ते भाई ने कहा।

"आप फ़ॉर्मूला एक्स से भी सहमत नहीं ?"

"यह किस दवा का नाम है ?"

साथी ने फत्ते भाई को समझाया, "यह काँची कामकोटि पीठ के शंकराचार्य स्वामी जयेन्द्र सरस्वती का फ़ॉर्मूला था, जिसमें मुस्लिम भाइयों से रामजन्म भूमि की विवादित भूमि हिन्दुओं को सौंपने की अपील की गई थी।"

फत्ते भाई की आवाज़ हिकारत से कड़वी हो गई और अब भौंहें भी टेढ़ी हो गईं, बोले, "फ़ॉर्मूला सही था, पर तरीक़ा ग़लत था।"

"कैसे ?"

"ऐसे कि उसमें कुछ भी नया न था। विहिप भी, संघ भी और मैं खुद– हम भी कहते हैं कि मुसलमानों को विवादित भूमि छोड़ देनी चाहिए, हम भी कहते हैं कि अयोध्या में मस्जिद की ज़रूरत नहीं, हम भी कहते हैं कि काशी, मथुरा पर हम अटल हैं; फ़र्क़ यह है कि हम गर्व से कहते हैं, शंकराचार्य भीख जैसी माँगते हैं। छिः !"

अचानक वे ख़ामोश हो गए। फिर एकाएक भंग ने अश्वघोष किया। यह उनकी हँसी थी। बोले, "जिसका नाम अटल है, वह अटल नहीं रहा। अब हमीं अटल हैं। हा ! हा !"

मैंने कहा, "एक फ़ॉर्मूला एक बिलकुल ताज़े शंकराचार्य के भी पास है। उस पर क्या राय है ?"

"कौन दूसरा शंकराचार्य ? इन शैव मतवालों से भी नाक में दम है। श्रीराम

से इनका क्या लेना-देना है ?''

मेरे साथी ने बताया, ''एक कोई प्रयाग पीठ भी है। उसके भी एक शंकराचार्य हैं–स्वामी माधवानन्द सरस्वती महाराज। उनका दावा है कि सरकार दोनों पक्षों को एक साथ बुला ले तो वे नब्बे मिनट में मामला सुलझा देंगे।''

फत्ते भाई हँसे, बोले, ''चौमासा लग गया है न। तभी ये स्वामी लोग बैठे-ठाले लंतरानियाँ हाँक रहे हैं,'' फिर गरजे, ''आन्दोलन हमने चलाया, प्राणों की आहुति दी, और वाहवाही ये लूटेंगे ?''

''हमने ऐलान कर दिया है,'' वे कहते गए, ''शत्रु पक्ष को महाभारत पढ़ना होगा। पाण्डवों ने कौरवों से शान्तिपूर्वक सिर्फ़ पाँच गाँव माँगे थे, हम सिर्फ़ तीन की बात कर रहे हैं। वे हमें न मिले, तो क्या होगा ?''

''मुकदमा,'' मैंने कहा।

''नहीं, मऽहाऽ भाऽऽ रऽत।''

उन्होंने बुलन्द आवाज़ में वैसे ही सुनाया, जैसे कि बी.आर. चोपड़ा के 'महाभारत' में हर शृंखला की शुरुआत में गाया जाता था। उन्होंने कहा, ''तब महाभारत होगा।''

''कुछ नहीं होगा,'' मैंने कहा, ''बैठो और सुनो। एक फ़ॉर्मूला मेरे पास भी है। पूरा मामला उसी के सहारे सुलझेगा।''

साथियों ने अपनी कुर्सियाँ आगे खिसका लीं। मैं फत्ते भाई से कहता रहा, ''हमारे देश में जो चीज़ एक बार उलझ गई, वह क्या कभी सुलझ सकती है ? सुलझने को होगी तभी कोई सुप्रीम कोर्ट में याचिका डाल देगा, कोई आत्मदाह कर बैठेगा। इसलिए हर समस्या पर एक यही फ़ॉर्मूला लागू होता है कि उसे घिसटने दिया जाए। वह जितना उलझ सकती है, उलझे; उसे खूब पकने दो, फिर खूब सड़ने दो; फिर सड़कर, टूट-टूटकर गिरने दो। 6 दिसम्बर, 1992 का पागलपन छोड़ दें तो यह मसला भी 50 साल से ऐसे ही घिसट रहा है। इस तरह सौ-दो सौ साल जाते-जाते यह समस्या भी हमारे लिए उतनी ही सहज हो जाएगी जैसे देश में भुखमरी, बेरोज़गारी, बीमारियाँ, जहालत। तब वह हमारे साथ बराबर रहेगी, पर हमें उसका एहसास न होगा।''

*[30.7.2003]*

# कौन बनेगा प्रधानमन्त्री ?

जब दोनों ओर काफ़ी मन्थन, चिन्तन हो चुका तब उन्हें अचानक एहसास हुआ कि मन्थन में ऊँची लहरें हैं, चिन्तन में गहराई है; पर ऐसी कसरतों के लिए जो लाज़िमी आधार चाहिए, वह यानी विचार नाम की चीज़ कहीं नहीं है। पर किसी के भी शर्मिन्दा होने की जगह दिलचस्प बैतबाज़ी शुरू हो गई।

रायपुर से इन्होंने कहा, ''उनकी नेता विदेशी मूल की होने के कारण राष्ट्रीय सुरक्षा की गुत्थियाँ नहीं समझ सकतीं।''

उन्होंने कहा, ''तुम्हारा प्रधानमन्त्री बूढ़ा है और बीमार रहता है। उसे हट जाना चाहिए।''

इन्होंने कहा, ''तुम विदेशी मूल की अनुभवहीन नेता को हमारे सिर पर ठोक ही नहीं रहे हो, एक बुजुर्ग नेता पर व्यक्तिगत हमला करके भारतीय संस्कृति और परम्परा का अपमान कर रहे हो।''

उन्होंने कहा, ''भारतीय संस्कृति, परम्परा यह है कि वृद्धावस्था में तुम्हारा नेता संन्यास ले।''

हम 'सीधे-सादे भोले-भोले, हैं बुद्धू नागरिक निराले।' समझ ही नहीं पाए कि उस विदेशी मूल की अनुभवहीन महिला को, जिस पर नेहरू परिवार की आलोक धारा अजस्त्र रूप से आज भी गिर रही है, अपना प्रधानमन्त्री बनाए या इस तपःपूत वृद्ध को, जो जराजीर्णता के बावजूद अपनी वाक्पटुता, शालीनता और एक शब्द बोलकर उसके सत्तर अर्थ निकालने या उलझाने की क्षमता के सहारे एक असम्भव सरकार को पाँच वर्ष से सम्भव बना रहा है ?

आज कॉफ़ी हाउस की मेज़ पर हम अपने-आप एक आयोग बन गए। सबसे ज़्यादा बेवकूफ़ होने के नाते मैं उसका अध्यक्ष बना, फत्ते भाई सचिव बनना चाहते थे पर सांस्कृतिक राष्ट्रवाद के पुछल्ले के कारण वे दब गए। सचिव पद पर जो चढ़े, वे ऐरा थे : हर बात में सबसे ज़्यादा मामूली। पहले गवाह की

हैसियत से फत्ते भाई को मौक़ा दिया गया कि अपने प्रस्तावित प्रधानमन्त्री के बारे में जो कहना चाहें, कहें।

फत्ते भाई ने कहा, ''मेरा बयान एक सवाल से शुरू होगा। तुम बेकार भटक रहे हो। अगर आज तुम्हें यह मौक़ा दिया जाए कि तुम फ्रेंच भाषा सीख लो, तुम्हें सेनेगल का राष्ट्रपति बना दिया जाएगा, तो तुम क्या करोगे ?''

''तुर्त-फुर्त फ्रेंच सीख लूँगा। मुझे तो आप मणिपुर का गवर्नर ही बना दें, मैं छह महीने में मणिपुरी सीख लूँगा। चपरासी बना दें तो कोंकणी...''

ऐरा ने कहा, ''मैं तो चीनी जैसी कठिन भाषा भी सीखने को तैयार हूँ बशर्ते मुझे शंघाई का मेयर बना दिया जाए।''

फत्ते बोले, ''उनकी नेता को मैं इसी बात पर खारिज किए देता हूँ। प्रो. वरान्निकोफ़, लुठार लुत्से, ऐमी मांटू, मारिवोला आफ़रीदी, रूपर्ट स्नेल जैसे न जाने कितने विदेशी विद्वान हिन्दी के वैसे ही आचार्य हैं जैसे कि आप; बल्कि बेहतर। उन्हें मिला क्या ? किसी विश्वविद्यालय में मुदर्रिसी, जो उन्हें यूँ भी मिल जाती।

''सोचो मियाँ, इन मैडम को भारत के प्रधानमन्त्री की कुर्सी बुला रही है; फिर भी वे जब जनता से बात करती हैं तो पर्चियों से आयं-बायं-सायं जैसा लेक्चर पढ़कर। प्रधानमन्त्री बनने के लिए उन्हें इतनी मेहनत भी गवारा नहीं।

''फिर,'' फत्ते भाई कहते रहे, ''किसी भी राजनीतिज्ञ में होनी चाहिए भाषा के चमत्कार से अपने विरोधियों को, प्रेसवालों को, यहाँ तक कि अपने ही लोगों को उल्लू बनाने की ऐसी क्षमता कि उन्हें लगे ही नहीं कि वे उल्लू बन रहे हैं। यानी बैम्बूज़्लिग। अब बताओ भाई, पर्चियों पर लिखा हुआ व्याख्यान पढ़नेवाली क्या तुम्हें भाषायी चमत्कार से उल्लू बना सकती है ? और जो उल्लू नहीं बना सकता, वह तुम्हारा प्रधानमन्त्री कैसे हो सकता है ?

''न भूलो, बैम्बूज़्लिंग किसी भी बड़े नेता की सबसे बड़ी खूबी होती है।''

मैंने कहा, ''फत्तू भाई, उनकी ख़ूबियों पर भी तो ग़ौर करो।''

''मियाँ, पहले खामियों का तो निबटारा हो जाए। पहली खामी, ज़बान की मजबूरी। दूसरी...पर उधर जाने की क्या ज़रूरत है ? हमने तो उन्हें हत्थे से ही खारिज कर दिया।''

मैंने कहा, ''तो अब उनके बारे में भी कुछ फरमाया जाए जो प्रधानमन्त्री हैं, और आगे भी प्रधानमन्त्री होना चाहते हैं।''

''कुछ भी कहना आसान नहीं,'' फत्ते भाई ने कहा, ''मेरी निगाह में जो ख़ूबियाँ प्रधानमन्त्री में चाहिए, उनमें से यहाँ एक भी नहीं।''

“जैसे ?”

“जैसे कि प्रधानमन्त्री की पहली सिफ़त होनी चाहिए जीवट और दम। खूब मेहनत करने, जमकर खाने, पीने और हजम करने की कूवत। चर्चिल कितना पीता था ! कितना खाता था ! उससे भी पहले, 80 की उम्र में, पामर्स्टन के खाने का एक ब्यौरा है : टर्टल सूप की दो प्लेट, कॉड और आयस्टर सॉस की तगड़ी डिश, दो बड़ी मध्यवर्ती डिशें, रोस्ट मटन, हैम। फिर बटलर ने पूछा–स्नाइप, मीलार्ड या फेजेंट ! जवाब मिला–फेजेंट। मांस की यह नौवीं डिश थी। है उनमें इतना खाने का बूता ?”

“बकवास,” मैंने कहा।

“फिर, रथलेसनेस, निर्ममता। है इनमें ? जॉर्ज फर्नांडीस का फिर से मन्त्रिमण्डल में आना कितना लिजलिजा है !”

“और ?”

“और यह कि गोल-मोल बोलकर बात टालने में माहिर, पर वीरता से, निर्भीक होकर झूठ बोलने में चीं बोल जाते हैं।

“और उनके चेहरे से ऐसा क्यों नहीं लगता कि उन्हें इस खेल में मज़ा आ रहा है ? जिसका चेहरा मज़े में दमक न रहा हो, बेमज़ा दीखता हो, वह कैसा प्रधानमन्त्री है ?”

“तो फिर किसे प्रधानमन्त्री बनाओगे ?”

“अमिताभ बच्चन बेजा नहीं रहेंगे,” फत्ते भाई बोले, “एम.पी. रह चुके हैं। देवेगौड़ा और चन्द्रशेखर से उन्नीस नहीं निकलेंगे। वैसे, किसी को भी मुम्बई से बुला लो। अच्छी एक्टिंग करेगा। अनिल कपूर भी। एक फ़िल्म में उसे चौबीस घंटे के लिए मुख्यमन्त्री बनाया गया था। उसने सबकी ऐसी-की-तैसी कर दी थी।”

*[13.8.2003]*

# ऋणम् कृत्वा, घृतम् पिवेत्

1970 के आसपास पता नहीं, वे कैसे या किसकी मदद से मुझसे मिले थे ! वे कानपुर के एक दिवालिया उद्योगपति थे। उनका 'शानदार था भूत,' पर वर्तमान दलदल था। उनके पास 1960 मॉडल की शेवरले कार थी–इम्पाला। और उसमें स्कॉच व्हिस्की की आधी बोतल थी।

अपने घर पर मैंने उन्हें व्हिस्की पेश करने की पेशकश की। बोले, "स्कॉच होगी तो ज़रूर पिऊँगा। मैं स्कॉच ही पीता हूँ।"

1937-38 के दिनों में चाय का नया-नया प्रचार करने के लिए स्टेशनों पर एक विज्ञापन लगा मिलता था : *यह और इसका भाय, पीता है हमेशा चाय*। तस्वीर में दो भाई सिर पर अँगोछा बाँधे, पंजों के बल मल-विसर्जनी मुद्रा में बैठे हुए चाय पी रहे थे। उसे याद करके मैं खुले मन से बोला, "तब तो आपका यह भाय कहेगा कि स्कॉच ज़रूर पी जाए, पर उसे कौन मँगाय ?"

वे कार से आधी ख़ाली बोतल ले आए, पहला गिलास भरते ही उद्योगमन्त्री से मेरी घनिष्ठता का हवाला दिया, फिर किसी उद्योग के लिए सरकारी ऋण के निमित्त मेरी मदद माँगी। मैंने उनकी सम्पत्तियाँ गिनाईं, जो दिवालिएपन के बावजूद किसी तरकीब से बची थीं। उनमें श्रमिकों के क्वार्टर बनाने के लिए बरसों पहले नगर निगम द्वारा मिट्टी के मोल दी गई दस बीघा जमीन भी थी। मैंने कहा, "इसे निकाल दीजिए।"

बोले, "अपना रुपया तो खाने-पीने के लिए होता है। फैक्टरी के लिए तो दूसरे का ही चाहिए। चाहिए न ?"

वे अपनी समझ से ठीक थे। वे लाइसेंस-परमिट राज की प्रचंडता के दिन थे–अपनी पूँजी से कोई उत्पादक इकाई लगाना, फिर उत्पादन और बिक्री में हाड़तोड़ मेहनत करके मुनाफ़े का बरसों इन्तज़ार करना। इससे ज़्यादा आसान था, किसी राजनेता या अफसर या किसी गुंडे को–जो बैंक मैनेजर को धमका

सकता हो–खिला-पिलाकर किसी बन्द फैक्टरी के नाम पर कोई दुष्प्राप्य कच्चा माल हथिया लेना, उसे 'फिनिश्ड गुड्स' में बदलने की हिमाकत न करके उसे काला बाज़ार में बेचकर तुरन्त धनी बन जाना और ऐसी सामाजिक प्रतिष्ठा हासिल करना जिसमें नेता, अफ़सर और तब तक माफ़िया सरदार बन चुका गुंडा एक साथ सेठ जी की खाने की मेज़ पर बैठकर भद्र और शिष्टाचारपूर्ण वार्तालाप करें।

बहरहाल, मैंने बस इतना किया कि जब वे जाने लगे तो स्कॉच की एक बोतल उनकी कार में रखवा दी। यहीं से इतिहास बदल गया। सुनते हैं कि उन्होंने इसी बोतल के भरोसे उद्योगमन्त्री के पी.ए. को दावत पर बुलाया। उसके बाद की घटनाएँ जगजाहिर हैं। वे दिवालिएपन की दीवार फाँद गए, उनके नाती-पोते अब कामयाब श्रेणी के पूँजीपति हैं।

अब इधर के 10-15 सालों का इतिहास हमारे लिए कुछ नए सबक लाया है। मध्यवर्ग फैला है और यह नया मध्यवर्ग–नेता, अफ़सर, व्यापारी, गुंडा का मिश्रण–भूमंडलीकरण और खुले आयातों की हवा में अपनी सम्पत्ति खुलेआम उपभोक्तावाद उर्फ ऐयाशी में फूँक रहा है; बची रकम सट्टा बाज़ार में लगाता है। उत्पादन से उसका कोई सरोकार नहीं। वह फैक्टरी नहीं लगाता, डेढ़ एकड़ की कोठी की छत पर स्विमिंग पुल बनवाता है। उत्पादन कोई और करे–यह पुरनिया पूँजीपतियों का काम है। उसे दिखाने और खाने को रुपया चाहिए–घोटाले, ग़बन, चोरी-डकैती कुछ वर्जित नहीं।

इस परिदृश्य की एक ख़ूबी यह है कि अनेक राज्य और सरकारी इदारे भी इसी हवा में बहे जा रहे हैं। यहाँ भी मध्यवर्गीय उपभोक्तावाद की निष्क्रिय नक़ल है। तभी एक राज्य में किसी महापुरुष के नाम से सौ करोड़ रुपए की लागत का पार्क बनता है और कोई नया उद्योग लगाना हो तो उसके लिए हाथ में कटोरा लेकर मुख्यमन्त्री की विदेश-यात्रा होती है।

सबक साफ है : अपनी सम्पत्ति पर ऐश करो और उत्पादन बढ़ाने के लिए बाहर भीख का कटोरा दिखाओ।

मेरे बचपन के गाँव में बाहर से जो भिखारी आते थे, उनका हुलिया कैसा अनोखा था ! कोई जटाधारी साधु होता था, कोई काले चोगे और बड़े मनकों की मालाओं में 'बाल-बच्चों की ख़ैर माँगे चुन्ना फकीर !' कन्धे से झोला लटकाए, मटमैली धोती-कुरता, साफे में मंजीरा बजाकर कविता के हर बोल के पीछे 'हरगंगा' कहनेवाला बन्धन। सरसों का तेल माँगकर देह पर उड़ेलनेवाले तेलिया बाबा, पर सबकी समानता यह थी कि वे भिखमंगे थे।

बहुराष्ट्रीय कम्पनियों के दबाव, भूमंडलीकरण, बाज़ारवाद आदि की कृपा से अमेरिका, यूरोप, जापान आदि के पूँजीपति भी अब वही तमाशा देख रहे हैं जो मैं बचपन में देख चुका हूँ। भाँति-भाँति के भेस में भारतीय वहाँ पूँजी निवेश की तलाश में घूम रहे हैं–कोई साड़ी में, कोई सलवार-कुरते में, कोई बन्द गले, कोई सूट-बूट-टाइ, कोई लुँगी-कुरते और भस्मचर्चित कपाल में। अपने यहाँ वे विनिवेश का मंत्रालय चला रहे हैं, बाहर सम्पत्ति निवेश की याचना कर रहे हैं, 'हमारे यहाँ श्रम बहुत सस्ता है' की बेशर्म घोषणा के साथ उन्हें यहाँ आने का लालच दिखा रहे हैं। अपनी पूँजी उपभोग के लिए बचाए हुए हैं–बशर्ते वह कहीं सचमुच ही बची हो।

*[3.9.2003]*

# उत्तर प्रदेश के जंगल में मंगल

मायावती ने उत्तर प्रदेश के मुख्यमन्त्री-पद से इस्तीफा भले ही पिछले 25 अगस्त को दिया हो, उजागर वह 26 अगस्त, मंगलवार को हुआ–उसी मंगलवार को जिसमें मंगल ग्रह धरती के इतने क़रीब आ गया जितना वह पहले कभी नहीं था। वह धरती से बस पाँच करोड़ छप्पन लाख किलोमीटर दूर रहा; धरती को चूमते-चूमते रह गया।

धरती को उसने चूमा भले ही न हो, मुलायम सिंह की क़िस्मत को चूमकर उसने सचमुच ही जगा दिया। लखनऊ के अनेक ज्योतिषियों के अनुसार, 'आज शनि मंगल के स्थान पर दृष्टि रखे है। अतः कोई ऐसा महापुरुष सत्ता प्राप्त करेगा, जो न नीची जाति का होगा और न ऊँची जाति का, जिसके समर्थक भी न ऊँची जाति के होंगे और न नीची जाति के, या वे ऊँची जाति के होंगे और नीची जाति के भी।' दूसरे ज्योतिषी की राय थी कि लखनऊ का शासक ग्रह मंगल है और वह मायावती तथा मुलायम सिंह, दोनों पर शासन करता है। इसलिए अपने संचरण में अगर वह मायावती को पटकेगा तो मुलायम सिंह को उठाएगा। तीसरे ज्योतिषी के अनुसार...पर छोड़िए भी, झींगुर अनेक हैं पर उनकी आवाज़ एक है।

लोग गवर्नर विष्णुकान्त शास्त्री से यूँ ही किसी फैसले की उम्मीद किए बैठे थे। उत्तर प्रदेश के नए मुख्यमन्त्री का चुनाव वास्तव में मंगल ग्रह ने पहले ही कर दिया था।

चर-अचर, दुपाये-चौपाये, शरीफ-गुंडे, मनुवादी, धनवादी, थनवादी, सांस्कृतिक-असांस्कृतिक–सभी। राष्ट्रवादी, साम्प्रदायिक, धर्मनिरपेक्ष और छद्म धर्मनिरपेक्ष–सबने कहा, "हम खुश हैं।" प्रदेश के भाजपा अध्यक्ष तक ने कहा, "हम खुश हैं।"

कानपुर जेल में पोटा के अन्तर्गत बन्द कुंडा नरेश राजा भैया के मुलाक़ाती

जेल के फाटक पर टूट पड़े। मेढकों ने गाल फुलाकर, गला खोलकर टर्र-टर्र की धुन में कहा, 'जेल का फाटक टूटेगा, अब राजा भैया छूटेगा।' मिठाइयाँ बँटीं, पटाखे छूटे। फाटक टूटा, पर क़ैद और आज़ादी के बीच अब एक और आरामदेह पड़ाव मौजूद है : किसी बड़े अस्पताल का प्राइवेट वार्ड ! क़ैदी को फिलहाल यही पड़ाव दिखाया गया।

कांग्रेस का आरकेस्ट्रा बहुत पुराना हो गया है। इसीलिए ज़्यादातर बेसुरा बजता है। तभी काँग्रेस नेता सलमान खुर्शीद ने कहा, "कुछ दिन पहले मैंने काँग्रेस को हाथी और समाजवादी पार्टी को चींटी बताया था, यह बात मैंने पूरे भारत में इनकी हैसियत को देखकर कही थी। उस पर मैं अब भी कायम हूँ। उत्तर प्रदेश में जो बनाव बना है, उस पर यह बात लागू नहीं होती; फिर भी यह सच है।"

हाथी-चींटी की पंचतन्त्रीय कहानी पर तब सपा के अमर सिंह ने कहा था, "चींटी अगर हाथी के कान में घुस जाए तो उसका बैठना मुहाल हो जाएगा।" पर आज, मुलायम सिंह पर मंगल की कृपादृष्टि होने के बाद उन्होंने कुछ नहीं कहा। कहने की ज़रूरत भी न थी। सपा की 141 सीटों के मुक़ाबले 16 सीटोंवाली काँग्रेस यहाँ हाथी का अस्थिपंजर तक नहीं रही। वह ख़ुद चींटी की तरह हाथी के साथ-साथ चल रही है। 'दो मुश्त ख़ाक हैं मगर आँधी के साथ हैं।'

मायावती ने दो बार बड़े विस्तार से अपनी बात कही, 25 अगस्त को बसपा रैली में उन्होंने भाजपा के पाप गिनाए। गिनाए और गिनाती ही चली गईं और हम हमदर्दी से सोचते रहे कि इतने घृणित साथियों को सवा साल तक उन्होंने कैसे झेला होगा ! फिर 28 अगस्त की प्रेस कॉन्फरेंस में उन्होंने दोबारा अपना पिटारा खोला। भाजपा के नए-नए पाप गिनाकर उन्होंने निष्कर्ष दिया : "वे मुझे दलितों की सेवा से विमुख करके अपने एजेंडा के लिए इस्तेमाल करना चाहते थे। मैं इसे बरदाश्त नहीं कर सकती।"

इस शहीदाना अन्दाज़ में उन्होंने बहुत कुछ कहा पर एक बात नहीं कही जो हमेशा कहती थीं। यह नहीं कहा कि "मुझ दलित की बेटी को..." 'दलित की बेटी' प्रदेश के भाजपा अध्यक्ष विनय कटियार ने कहा। 28 अगस्त को एक टी.वी. चैनल पर उन्होंने कहा कि हमने एक दलित को मुख्यमन्त्री बनाकर उसे समाज-सेवा का पूरा मौका दिया, पर लगा, जैसे भगवान श्रीराम ने अपार दया करके अयोध्या का राज केवट या शबरी को सौंप दिया हो ! भूल गए कि दलित की बेटी ने यह पद दान में नहीं, संख्या-बल के बूते उनकी छाती पर चढ़कर पाया है।

गाँव से मंगरू आए। इस उठा-पटक से उन्हें कुछ भी लेना-देना न था। उन्होंने कहा, "गाँव की हालत गिरती जा रही है। प्राइमरी स्कूल के चार में से तीन मास्टर ग़ैरहाज़िर रहते थे, अब चौथा भी ग़ायब हो गया है। लड़के आवारा घूम रहे हैं। जानवर भी नहीं चरा सकते क्योंकि चरागाह नहीं है। उन्हें जोतकर दबंगों ने खेत बना लिए हैं। अस्पताल का डॉक्टर महीने में सिर्फ़ एक दिन तनख़्वाह लेने आता है। मलेरिया फैल रहा है। बाढ़ में खेती चौपट हो गई है..."

मैंने कहा, "अबे अमर्त्य सेन की औलाद ! तुझ पर भी गाँवों की शिक्षा, चिकित्सा आदि की सनक सवार हो गई ? इस सबमें क्या रखा है ? असली चीज़ है शहरों में नेताओं की मूर्तियाँ, उनके नाम की चौड़ी सड़कें, करोड़ों की लागत के पार्क, ताकि तुम गाँव से भागकर आओ तो, भले ही पेट खाली हो, तुम्हें खुले आसमान के नीचे आराम से लेटने को फुटपाथ या पार्क मिल जाए। लेटना और लेटे-लेटे मर-खप जाना, तुम्हारे लिए यही असली चीज़ है। बाकी शिक्षा-वीक्षा बकवास है। कम-से-कम सभी सरकारें, इनकी हों या उनकी, आजकल यही सोचती हैं। समझे मँगरू ?"

*[15.9.2003]*

# कुछ बोलियाँ बेहाल, कुछ निहाल

25 अगस्त को राजस्थान विधानसभा ने सर्वसम्मति से प्रस्ताव पारित किया कि राजस्थानी को संवैधानिक मान्यता देते हुए उसे आठवीं अनुसूची में शामिल किया जाए। वहाँ के मुख्यमन्त्री ने इस विषय पर एक ज़ोरदार और तर्कपूर्ण पत्र भी उप-प्रधानमन्त्री को लिखा।

हाड़ोती, बाग़ड़ी, मेवाड़ी, ढुंढारी, मारवाड़ी, मेवाती, मावली, शेखावटी और ब्रजी जैसी बोलियों से सजी-धजी राजस्थानी को साहित्य अकादमी ने यक़ीनन क्षेत्रीय भाषा का दर्जा दे रखा है। हाल ही में साहित्य अकादमी खुद मेरे उपन्यास 'राग दरबारी' का राजस्थानी अनुवाद छपवा चुकी है और मैं बेहिचक राजस्थानी का मुरीद बन गया हूँ। राजस्थानी साहित्य का इतिहास शताब्दियों पुराना है; समकालीन साहित्य भी अनेक रूप-रंगों में फल-फूल रहा है।

पर सवाल यह है कि राजस्थानी को अब संविधान की आठवीं अनुसूची में शामिल कराने से उसे क्या मिलेगा ?

जो 14 भाषाएँ शुरू में संविधान की इस अनुसूची में आईं, उन्हें छोड़कर हमारी अधिकांश भाषाएँ और बोलियाँ उसमें शामिल होने की पुकार लगाती रही हैं। आज भी यह उनका ख़ास शगल है। पहले सिंधी आई; फिर नेपाली, मणिपुरी, कोंकणी ने पुकारा–डोगरी, राजस्थानी ने भी। अनुसूची में आएँ न आएँ, साहित्य अकादमी ने पुरस्कार के लिए पहले ही 'स्वागतम्' कहा।

यहाँ यह भी साफ़ करते चलें कि भाषाशास्त्र के पण्डित 'भाषा' और 'बोली' में जो भी फ़र्क़ करें, शब्दशास्त्र के हिसाब से संस्कृत में जो 'भाषा' है, लोक में वही 'बोली' है, तो अनुसूची में आ जाने पर किसी भाषा या बोली को क्या मिलेगा ? मेरी मूढ़मति के अनुसार दिवंगत हो जाने के बरसों बाद 'भारत रत्न' के अलंकरण से डॉ. आम्बेडकर को जो मिला, लगभग वही; यानी कुछ नहीं। वास्तव में आठवीं अनुसूची का जीवन समाप्त हो चुका है। वहाँ हमारी भाषिक

आकांक्षाओं का मुर्दाघाट भर बचा है। अब उसमें किसी भाषा का नाम हो या न हो, कोई फर्क नहीं पड़ता। इसे यूँ देखिए : आठवीं अनुसूची का सम्बन्ध संविधान के दो अनुच्छेदों से रहा है–सिर्फ़ दो ! पहला अनुच्छेद 344 (1) और दूसरा 351 है। 344 (1) में कहा गया है कि संविधान लागू होने के पाँच साल और दस साल के बाद एक राजभाषा आयोग गठित किया जाएगा। आयोग राजभाषा के रूप में हिन्दी में प्रयोग की स्थिति पर और उससे जुड़े हुए कुछ और मसलों पर विचार करके अपनी सिफारिशें देगा। इसका परीक्षण संसद के 30 सदस्यों की समिति करेगी और उसके आधार पर राष्ट्रपति महोदय आवश्यकतानुसार निर्देश जारी करेंगे।

लालफीताशाही की इस गुंजलक में आठवीं अनुसूची की फ़क़त इतनी-सी भूमिका है कि अनुसूची में शामिल भाषाओं का एक प्रतिनिधि आयोग का सदस्य रहेगा। ये पुरानी बातें हैं। जो बीत गई सो बीत गई। आज 2003 में कैसा आयोग और कहाँ के सदस्य !

अब रहा अनुच्छेद 351, जिसमें केन्द्र की यह ज़िम्मेदारी बताई गई है कि वह हिन्दी का प्रसार करे। इसके लिए वह हिन्दी को इस तरह विकसित करे कि वह भारत की साझा संस्कृति की अभिव्यक्ति का सक्षम माध्यम बन सके। इस उद्‌देश्य से हिन्दी की प्रकृति को बिना तोड़े-मोड़े शब्दावली के विकास में हिन्दुस्तानी का सहारा लिया जाएगा और उसी के साथ यथावश्यक रूप से संस्कृत का। तथा आठवीं अनुसूची में वर्णित भाषाओं के पदों, शब्दों और शैलियों का भी सहारा लिया जाएगा।

यह सारा काम–भला-बुरा जैसा भी किया गया हो–बरसों पहले पूरा हो गया। अनुच्छेद 351 की खानापूरी हो चुकी है; अब हिन्दी को और सम्पन्न होना होगा तो वह अपनी स्वाभाविक विकास-प्रक्रिया पर निर्भर रहेगी, इस अनुच्छेद पर नहीं।

नतीजा यह निकला : अब आठवीं अनुसूची में राजस्थानी ही को नहीं, भारत की सैकड़ों भाषाओं और हज़ारों बोलियों को भी अगर शामिल कर लिया जाए तो न उससे उन सबका कुछ बनेगा, न कुछ बिगड़ेगा। यही नहीं, अगर उससे हिन्दी को निकाल भी दिया जाए तो अब हमारी राजभाषा का न कुछ बनेगा, न बिगड़ेगा। वह जहाँ पड़ी है या खड़ी है, वहीं पड़ी या खड़ी रहेगी। इस अनुसूची की अब यही उपयोगिता है कि भाषायी कर्मयोगियों के लिए कुछ बोलने का यह आज भी दिलचस्प मुद्‌दा है।

जब श्रीमान् एस.बी. चव्हाण केन्द्रीय गृहमन्त्री थे, खासी भाषा को संविधान

की आठवीं अनुसूची में शामिल करने के लिए उन पर बहुत ज़ोर डाला गया। तब उन्होंने खीजकर कहा था कि मेरा बस चले तो मैं संविधान से आठवीं अनुसूची ही हटा दूँ। खीज में भले ही कही गई हो, बात समझदारी की थी क्योंकि आठवीं अनुसूची संविधान के इन दोनों अनुच्छेदों के लिए निरर्थक हो गई है। जैसाकि मैं बहुत पहले लिख चुका हूँ, अनुच्छेद 344 (1) के अन्तर्गत किसी आयोग द्वारा राजभाषा हिन्दी की प्रगति आँकने का काम अब इतिहास बन चुका है; वैसे ही, अनुच्छेद 351 के अन्तर्गत हिन्दी भाषा के विकास का कारोबार भी अब इतिहास बन चुका है। साथ ही, राजभाषा के रूप में हिन्दी भी अब इतिहास बनती जा रही है।

*[29.9.2003]*

# बदी कर और लॉकर में डाल

दरबारे-ख़ास भीतरी बरामदे में लगा करता था। आज भी लगा। फर्क बस इतना था कि आज ख़ास लोग चौदह नहीं, सिर्फ़ चार थे। उनमें एक मैं था जिसे एक सप्ताह पहले तक–जब वे मुख्यमन्त्री थे–लौहपुरुष कहा जाता था, 'संविधानेतर सत्ताधीश' (एक्स्ट्रा कांस्टीच्यूशनल अथॉरिटी) माना जाता था।

बाक़ी तीन में एक महिला थी। कभी सुन्दर रही होगी, मगर आज भी भूतपूर्व मुख्यमन्त्री और उनके जांनिसारों की निगाह में उर्वशी थी। उसका मुख्यमन्त्री से 'काम' का नहीं, 'अर्थ' का रिश्ता था। वह तबादले कराने या रुकवाने या तबादला न होने देने के लिए बड़े अफ़सरों से मुख्यमन्त्री के लिए और छोटे अफ़सरों से अपने लिए निष्ठापूर्वक घूस लेती थी। इसे 'पार्टी का चन्दा' कहा जाता था।

बाक़ी दो में एक उनका मन्त्री रह चुका था–उनके दुश्मनों की गरदन के लिए कुल्हाड़ी जैसा–तब भी था, अब भी है। चौथा था पार्टी सचिव। वे ख़ुद पार्टी अध्यक्ष थे; पार्टी उनकी जेब में थी, उनकी जेब पार्टी में थी।

अफ़वाहें फैल रही थीं; ख़बरें छप रही थीं कि पिछले मुख्यमन्त्री की चलाचल सम्पत्ति की जाँच होनेवाली है; छापे पड़ेंगे, उन्हें जेल जाना पड़ेगा। राजनीतिक चर्चाएँ भी थीं कि नए सत्तारूढ़ नेता उनकी पार्टी के वोट बैंक पर छापा मारनेवाले हैं। भले ही सेंध लगाना घटिया चोरों का काम हो, वे छाती ठोककर इनके वोट बैंक में सेंध लगाने का ऐलान कर रहे थे।

वोट बैंक को बचाना और ख़ुद जेल से बचना–दरबारे-ख़ास का आज यही एजेंडा था।

"ये दो नहीं, दोनों को मिलाकर सिर्फ़ एक मुद्दा है," पूर्व मुख्यमन्त्री ने कहा।

"दो हों या एक," पार्टी सचिव ने कहा, "हमें पार्टी का आधार मज़बूत

करना है। इसके लिए हम कार्यकर्ताओं के शिविर लगा रहे हैं, उन्हें अपनी रणनीति सिखा रहे हैं। गाँव-गाँव जाओ, घर-घर जाओ के अभियान से...''

''ये पुरानी बेवकूफ़ियाँ हैं जिन्हें चलाता रह,'' पूर्व मुख्यमन्त्री बोले, ''पर इनसे कुछ नहीं होना। अब मेरी सुन, अगर तेरे ठस खोपड़े में घुस सके तो...'' उन्होंने कहा, ''पहले तो यह समझ, मुझे जेल से नहीं बचना। कोशिश करके जेल जाना। तभी जनता में सहानुभूति लहर उमड़ेगी। मेरे जेल जाने पर तू नगर-नगर, डगर-डगर रैली कराएगा, राजधानी में महारैली, फिर एक महारैला। दुश्मनों की साजिश से मेरे घर, फ़ार्म हाउस, शॉपिंग कॉम्प्लेक्स, होटल–सभी पर छापे पड़ रहे हैं, मेरी चरित्र-हत्या हो रही है–इस मुद्दे पर, बोल, तू कहाँ तक बवाल कर सकता है ?''

''अटक से कटक और श्रीनगर से कन्याकुमारी तक, यक़ीन रखें...''

''तो बता दे अख़बारों को। मेरा फैसला इन अदालतों में नहीं, जनता की अदालत में होगा। बसें जनता की अदालत जलाएगी, चक्का जाम जनता की अदालत करेगी, पुलिस पर पत्थर...शुरू कर दे फुसफुसाहट अभियान। मेरी कमीशनखोरी के क़िस्से, कम-से-कम सत्तर ज़मीन घोटाले, मेरे सौ बैंक लॉकर और डेढ़ सौ बचत खाते, जिनमें बदी का रुपिया जमा है। जाँचकर्ताओं का इतना काम बढ़ा दे कि काग़ज़ पढ़ते-पढ़ते वे अन्धे हो जाएँ।''

''पर आप पर क्या बीतेगी, यह भी तो सोचिए,'' मैंने कहा।

''सोच लिया है भाई साहब। यह ऐंजाइना, दिल का दर्द कब काम आएगा ? क्यों उर्वशी ? तेरा क्या ख़्याल ? अब जेल में कौन रहता है ? पाँचतारा अस्पताल किसलिए हैं ? वहीं हिरासत के कुछ हफ्ते बिता लूँगा। फिर तो ज़मानत पर छूटूँगा ही–शहीद बनकर, आज से दस गुना ज़्यादा वोट बैंक लेकर। देखें कौन साला उसमें सेंध लगाता है !''

उर्वशी ग़लती से बीच में बोल पड़ी, ''आप जेल जाएँगे, सोचते ही मेरी जान निकल रही है।''

पूर्व मुख्यमन्त्री चीखे, ''चुप कर। तेरा जो काम है, उसी को देख। ख़ुद को बचाने की फ़िक्र कर।'' फिर मुस्कराकर, ''और अपने होंठ का कोना पोंछ; लिपस्टिक फैल रही है। हा ! हा ! हा !''

यह मज़ाक था। सब हँसे, उर्वशी भी।

''पर...पर लालू के बाद बिहार में तो राबड़ी देवी हैं,'' सचिव ने कहा, ''यहाँ क्या होगा ? मनोज भैया तो अभी बच्चा है।''

''बच्चा नहीं है,'' मैंने कहा, ''अठारह पार कर चुका है, वोट देने का अधिकार

पा चुका है।''

''और,'' वे बोले, ''राबड़ी देवी से ज़्यादा पढ़ा है; जयललिता जैसी अंग्रेज़ी बोलता है।''

''और,'' पहली बार कुल्हाड़ी-छाप मन्त्री बोला, ''ऊपर से, उसका बायाँ हाथ पोलियो का मारा है,'' स्वर में उल्लास की खनक।

''पहली बार कोई विकलांग किसी बड़ी पार्टी का कार्यकारी अध्यक्ष होगा; हम नया इतिहास बनाएँगे। मनुवादियों के सीने पर साँप लोट जाएगा।''

''मनुवादी ? यह क्या बोला तू ? यह लफ्ज़ तो बसपा का पेटेंट है। तू कैसे बोला ? देख, ओके, अच्छी तरह समझ ले। हम अपने को पहले की तरह दलित ही कहते रहेंगे, पर आज से सारे अल्पसंख्यकों को 'छलित' कहा जाएगा। वे छले जा रहे हैं न ? और बाभन-ठाकुर, बनिया-लाला को मनुवादी नहीं, उन्हें 'फलित' कहा जाएगा। सारे फल वही तो खा गए हैं। कोशिश कर और मेरा उधर से उत्पीड़न शुरू करा। फिर देख, हम दलित और छलित मिलकर पूरे फलितों की...''

इसके बाद लाज़िमी तौर पर आनेवाली अश्लील गाली उन्होंने हलक़ में ही रोक ली। यह उर्वशी के लिहाज से नहीं, मेरे कारण–जिन्हें वे 'तू' नहीं, 'आप' कहते हैं।

*[13.10.2003]*

# एक सुहानी शाम

शाम सुहानी थी; घटाएँ घिर रही थीं। हवा में ख़ुशगवार ठंडक थी। अपने बँगले के बाहरी बरामदे में कॉफ़ी का प्याला सामने रखे हुए मैं देश की महिमा पर विचार कर रहा था। तभी सदानन्दजी (असली नाम कुछ और है) आए; उन्हें बाइज़्ज़त बिठाकर पूछा, "कैसे हैं ?"

उनके मत्थे पर चिन्ता की जियोमेट्री फैली थी; बोले, "सिंगापुर से बुरी ख़बर आई है।"

"मनोज तो ठीक-ठाक है न ?" मैंने पूछा। मनोज उनका बेटा है, सिंगापुर में रहता है।

"बहुत मज़े में है," बोले, "वैसे भी, बीमारियाँ अब बुरी ख़बर नहीं होतीं। पंचसितारा अस्पताल, नर्सिंग होम, रिकवरी सेंटर...कहो तो मुर्दे को भी ज़िन्दा कर दें और उसे ओलम्पिक रेस के लिए भेज दें।"

मैं उन्हें सवालिया निगाह से देखता रहा; बोले, "हिन्दुस्तान 2.8 के स्केल पर पहुँच गया; सिंगापुर-हाँगकाँग-जापान इससे भी ज़्यादा ऊँचे स्केल पर हैं।"

मैं घबराया, बोला, "आप रिचर स्केल की बात कर रहे हैं ? क्या कहीं भूकम्प आया है ? मैंने तो ऐसी कोई ख़बर नहीं सुनी !"

वे बोले, "नहीं भाई, मैं करप्शन स्केल की बात कर रहा हूँ। यह भूकम्प से भी बदतर है।"

वे अब अपने प्रिय विषय पर आ गए थे; भ्रष्टाचार की बात कर रहे थे। मैंने राहत की साँस ली।

सदानन्दजी भ्रष्टाचार-विशेषज्ञ हैं। भ्रष्टाचार के सैकड़ों प्रचलित और अप्रचलित तरीकों से संहिताबद्ध करके वे उनकी विस्तृत विवेचना कर चुके हैं। वे ख़ुद ऊँचे सरकारी अफ़सर थे, दूसरों के भ्रष्टाचारी कारनामों में उनकी गहरी रुचि थी। उनके बारे में निरन्तर सोचते, विचारते और बोलते रहने के कारण

कुछ सालों बाद उन्होंने पाया, वे सिर्फ़ 'स्कैंडलमांगर' नहीं हैं, भ्रष्टाचार की उलझन-भरी दुनिया के गहरे जानकार भी हैं। इतना बड़ा अनुभवजन्य ज्ञान लेकर तब वे उसकी सिद्धान्तिकी का भी अध्ययन करने लगे और ऊँचे दरजे के 'थियरिस्ट' हो गए। उन्होंने रिटायरमेंट के बाद एक कंसल्टेंसी सर्विस शुरू कर दी जो लगातार फल-फूल रही है। बेईमानी से अर्जित रकम और दूसरी चलाचल सम्पत्तियों की सुरक्षित व्यवस्था की पद्धतियों के वे आचार्य हैं। उनका कहना है कि हमारे वित्तीय क़ानूनों में इतने छेद हैं कि जो कोई भी उनकी सलाह के अनुसार काले धन आदि का प्रबन्ध करेगा, वह सब तरह की क़ानूनी पकड़ से बचा रहेगा। तभी देश के सैकड़ों सर्वोच्च अफ़सर, नेता और उद्योग-व्यापारवाले उनके ग्राहकों में हैं। आजकल वे अपनी कंसल्टेंसी सर्विस में एक बड़ा प्रशिक्षण संस्थान भी जोड़ रहे हैं और उसे 'डीम्ड यूनिवर्सिटी' का दर्जा दिलाना चाहते हैं।

बहरहाल, उन्होंने कहा, ''सिंगापुर में वह संस्था है न...ट्रांसपेरेंसी इंटरनेशनल। उसे ख़ब्त है कि दुनियाभर के देशों में भ्रष्टाचार के स्तर का लेखा-जोखा रखे और उसकी हैसियत दस के स्केल पर अंकों में नापे। इस साल भारत को 2. 8 अंक मिले हैं। वैसे तो 133 देशों के सर्वेक्षण में भगवान की कृपा से हमारा तिरासीवाँ नम्बर है; यानी भ्रष्टाचार में हम सबसे ज़्यादा गिरे हुए लगभग पचास देशों से बेहतर हैं और ज़लालत में बयासी देशों से बदतर, पर परेशानी यह है कि पिछले साल के मुकाबले, जब हमारा स्केल 2.7 पर था, इस साल हमारे भ्रष्टाचार में गिरावट आई है। सबसे शर्मनाक बात यह है कि हमारा पड़ोसी पाकिस्तान तक हमारे मुकाबले ज़्यादा भ्रष्ट है; उसका 92वाँ नम्बर है; और दूसरे पड़ोसी बांग्लादेश से तो हम नज़र तक नहीं मिला सके। उसने दस में 1.3 स्केल हासिल करके 133वें नम्बर पर संसार का भ्रष्टाचार देश होने का गौरव पाया है। हमारी बदक़िस्मती देखिए, भ्रष्टाचार तक में हम पड़ोसी देशों से पिछड़ गए।''

कुतर्क अगर असली कुतर्क है तो उसकी कोई हद नहीं होनी चाहिए—यह जानते हुए भी मैंने बिगड़कर कहा, ''सदानन्दजी, कितने विचित्र जन्तु हैं आप ! यही क्या कम है कि यहाँ भ्रष्टाचार कुछ घटा है ! आप इसे अच्छा लक्षण नहीं मानते ?''

''हरगिज नहीं !'' वे बोले, ''दो कारणों से : पहला कारण मेरा हित, दूसरा देशहित। पहले मेरे हित की बात समझिए। इसी तरह तिल-तिल घटकर देश में अगर कभी भ्रष्टाचार ख़त्म हो गया तो अपनी विशेषज्ञता का क्या मैं अचार डालूँगा ? अभी तो मैंने काले धन को सफ़ेद बनाने की तालीम के लिए वित्तीय

प्रबन्धन का कोर्स खोला है, दूसरी सम्पत्तियों को बचाने के लिए सामग्री प्रबन्धन का कोर्स है, पर 'डीम्ड यूनिवर्सिटी' तो तभी बनेगी जब ज्योतिष का भी कोर्स खुले...''

मैंने पूछा, ''ऐसा क्यों ?''

''इसलिए कि जहाँ काला धन्धा है, भ्रष्टाचार है, वहाँ भविष्य बताने और ग्रहशान्ति के लिए ज्योतिषी का होना लाज़मी है। दूसरे, ज्योतिष ही ऐसी चीज़ है जिसे पढ़ाने के लिए सरकार दरियादिली दिखा रही है। जैसे भी हो, 'डीम्ड यूनिवर्सिटी' को मैं 'डूम्ड यूनिवर्सिटी' नहीं होने दूँगा...

''अब देशहित की बात सुनो। देश में विकास की प्रक्रिया के दो मूल तत्त्व हैं–भ्रष्टाचार और सरकारी लद्धड़पन। यहाँ भ्रष्टाचार ही लद्धड़पन का इलाज है। उसी के सरकाने से छकड़ा सरकता है, उसी के ज़ोर से विकास की घोड़ी चलती है। भ्रष्टाचार ख़त्म हो गया तो लद्धड़पन के सिवाय बचेगा क्या ? सारा देश लद्धड़ों और काहिलों के क़िले में क़ैद हो जाएगा। क्या आप यही चाहते हैं ?''

*[27.10.2003]*

# ख़बरों में फँसी ख़बर

अठारह अक्तूबर की बात है। हमारे दोस्त, जिनके जिगर में सारे जहाँ का दर्द है, बदहवासी की हालत में आए, आते ही बोले, ''अयोध्या का क्या हाल है ?''

''टाँग पर प्लास्टर चढ़ा दिया गया है,'' मैंने कहा, ''चार हफ्ते बाद कटेगा।''

वे बोले, ''क्या बक रहे हो ! मैं अयोध्या में विहिप के संकल्प दिवस की बात कर रहा हूँ।''

मेरा नौकर अयोध्या 20 मीटर दूर अपनी कोठरी में टूटी टाँग लिए पड़ा है। राम की नगरी अयोध्या 140 किलोमीटर दूर है। नौकर नगरी के मुकाबले ज़्यादा नज़दीक और प्रासंगिक है। तभी अयोध्या का नाम सुनते ही दिमाग में जो घंटी बजी, वह नौकर के खाने में थी, रामनगरीवाले में नहीं। मैंने माफ़ी माँगी और टी.वी. पर हिन्दी ख़बरों का जो चैनल पहले मिला, उसी पर निगाह टिका दी। एक गन्दा विज्ञापन आ रहा था। एक मैले कमोड पर कोई नीला द्रव डालकर उसे झलकाने का काम हो रहा था। सन्देश : कमोड की सफाई के लिए इसे खरीदो। मैंने चैनल बदल दिया, वहाँ की गन्दगी कुछ कम प्रत्यक्ष, कुछ ज़्यादा संकेतिक थी। किसी कब्ज़नाशक चूरन के विज्ञापन में इशारे से किसी को कमोड पर बैठा दिखाकर उसे 'जोर लगा के हैया' के नारे के साथ उकसाया जा रहा था। यह चैनल भी बदला। तीसरी जगह भी विज्ञापन है : जनाना अन्तर्वस्त्रों का; पर अन्तर्वस्त्र नाम भर को हैं, जिस्म ही जिस्म है। लगता है, सभी चैनलों ने आपस में तय कर लिया है कि दर्शक चाहे जितने चैनल बदले, विज्ञापन से बचने न पाए।

ख़बरें आने लगीं। सेंसेक्स और स्टॉक मार्केट। दूसरे चैनल पर खेल, तीसरे पर किसी नई फ़िल्म की चर्चा। हमने कई चैनलों पर चक्कर काटे तब एक पर सुर्खियों में आया कि 'विहिप का संकल्प दिवस आज', तभी घोषणा हुई : 'अब छोटा-सा ब्रेक।'

''संकल्प दिवस तो कल था, यह आज के लिए बता रहा है !'' वे बोले।

''कल बीत गया है, अब आज है।''

''राज्य सरकार को मुँह की खानी पड़ी, विहिप की मर्यादा बच गई,'' वे बोले।

''यह *दो बाँके* का पुनर्पाठ है,'' मैंने कहा, ''भगवतीचरण वर्मा की कहानी है, जिसमें अलग-अलग मुहल्लों के दो गुंडे एक-दूसरे को एक पुल के आर-पार ललकारते हैं। यूँ गरजते हैं जैसे लाशें बिछ जाएँगी। फिर एक-दूसरे से पंजा फँसाते ही दोनों एक-दूसरे के 'बला के ज़ोर' और 'ग़जब के कस' की तारीफ़ करते लौट जाते हैं। कल अयोध्या में यही हुआ, दो-चार पंजे इधर-उधर हिले, दोनों को एक-दूसरे में 'ग़जब के कस' का एहसास हुआ और बला टल गई।''

''आज अब तक क्या हुआ ?'' वे भौंचक होकर पूछ रहे थे।

टी.वी. पर समाचार वाचिका बोली, ''अयोध्या में जो हो रहा है, उसका हाल हमारे संवाददाता सन्त सरन से सुनिए। हाँ, सत्तू, अयोध्या में इस वक़्त क्या हो रहा है ?''

''अयोध्या के हाल...सत्या,'' सत्तू कहते हैं, ''मतलब यह कि हाल यहाँ के, यानी जहाँ मैं खड़ा हूँ, उसके पीछे जो हो रहा है, आप देख रहे होंगे कि दरअसल, हालत ऐसी है जैसी कि, यानी हालत वैसी नहीं है...कल थी जैसी पर सत्या...''

''पर सत्तू, प्रवीण तोगड़िया ने जो कहा था कि...''

''सत्या, ऐसा है कि तोगड़िया, यानी प्रवीण तोगड़िया, आपको पता ही होगा। शायद क्या, यक़ीनन वे आए ही नहीं, वे हो गए...गिरफ़्तार। नहीं, आज नहीं, कल। यहाँ के हाल ऐसे हैं यानी कि आज कुछ ख़ास नहीं है। वैसे, कुछ भी हो सकता है, मगर...''

''आपने अयोध्या की जानकारी दी,'' लड़की कहती है, ''धन्यवाद सत्तू।''

''धन्यवाद सत्या।''

''धन्यवाद तक तो ठीक,'' दोस्त कहते हैं, ''पर ख़बर क्या है ?''

''मैं तो यही समझा कि दोनों बाँके अपने-अपने मुहल्ले में पहुँच रहे हैं।''

अचानक समाचार वाचिका कहती है, ''कल श्रीनगर में मुख्यमन्त्री के निवास पर नाकाम हमले के बाद जो दो आतंकवादी शॉपिंग कॉम्प्लेक्स में छिप गए थे, उनके बारे में हमारे संवाददाता आफ़ताब की रिपोर्ट सुनिए...आफ़ताब, दोनों आतंकवादियों की क्या हालत है ?''

''अचला, ऐसा है कि,'' आफ़ताब फरमाते हैं, पर फरमाने को उनके पास

काफ़ी शब्द नहीं हैं, ''ऐसा है कि अभी मुश्किल है कहना यह कि आतंकवादी दो हैं या तीन। शायद दो हैं, तीन भी हो सकते हैं। उनमें एक मारा जा चुका है। ऐसा ख्याल है बलों यानी सुरक्षा बलों का। हो सकता है, तीसरा मारा जा चुका हो या जो मारा जा चुका हो, वह दूसरा हो। बहरहाल, जो भी सूरत हो, साफ़ नहीं है वह...''

आफ़ताब साहब भी सत्तू की तरह शब्दों के जंगल में भटक रहे हैं। मैं मन-ही-मन कहता हूँ, 'बेटा, ये ठोस ख़बरें हैं, किसी नेता की लड़की की शादी का जश्न नहीं, जिसमें मिठाइयों के नाम गिनाते जाओ और उसी की ख़बर बनाते जाओ।'

आफ़ताब शब्द खोज रहे हैं। उनकी तकलीफ़ मुझसे देखी नहीं जाती। मैं मानता हूँ कि ब्रेक जल्दी ही आवे, उनकी तुतलाहट झेलने की जगह 'ज़ोर लगा के हैया' का विज्ञापन देखना दस गुना बेहतर है। अचानक : ''जानकारी के लिए धन्यवाद आफ़ताब,'' लड़की बोलती है।

''आतंकवादी दो थे या तीन ?'' दोस्त पूछते हैं।

''धन्यवाद अचला,'' आफ़ताब का संकटमोचन हो चुका है।

*[10.11.2003]*

# कल्याणकारी राज्य के सुख

अभी कुछ दिन पहले सिंगापुर के महान नेता और पूर्व प्रधानमन्त्री ली क्वान यू को अपनी पत्नी की बीमारी के कारण लंदन की चिकित्सा सेवाओं का जो तजुर्बा हुआ, उससे दुखी होकर मैंने उन्हें ई-मेल संदेश भेजा : 'आपके दुख से दुखी हूँ। हैरत है कि नीरद ने ब्रिटेन की चिकित्सा-व्यवस्था की शान में कसीदे पढ़े हैं।'

जवाब में उधर से सवाल आया : 'नीरद कौन है ? क्या कहता है ?'

नीरद स्व. नीरद सी. चौधरी हैं; अपनी पुस्तक *अ पैसेज टु इंग्लैंड* में वे ब्रिटेन की राष्ट्रीय स्वास्थ्य-सेवा की तारीफ़ में क़लम तोड़ते-तोड़ते रह जाते हैं। इनसान की सारी समस्याओं को–वे ज़िन्दगी की हों या मौत की–वहाँ का कल्याणकारी राज्य जिस तरह अपने हाथों में ले लेता है, वह विस्मय-विमुग्ध चौधरी को, अपने देसी हिसाब से, 'अप्राकृतिक' जैसा जान पड़ता है।

ली साहब ने घोषणा की : 'सिंगापुर का सिस्टम सबसे अच्छा है।'

स्वाभाविक है कि मैं, जो सारे जहाँ से अच्छा हिन्दोस्ताँ हमारा...पैदा होने के पहले से ही गाता आया हूँ, इस भावना का सम्मान करूँ।

"ली साहब के साथ लन्दन में हुआ क्या ?" मेरे दोस्त ने पूछा।

"इसे कुरोसावा के रोशोमन की तरह कई नज़रों से देखा जा सकता है," मैंने समझाया, "ली साहब का कहना है कि लन्दन में एक रात उनकी श्रीमती जी को अचानक लकवा मार गया। उन्हें रॉयल लन्डन हॉस्पिटल पहुँचाया गया। वहाँ उन्हें कई घंटे इन्तज़ार करना पड़ा। उनका सी.टी. स्कैन सबेरे 8 बजे के लिए तय हुआ। खीजकर ली साहब ने अपने हाइकमीशन की मार्फ़त 10 डाउनिंग स्ट्रीट से सम्पर्क किया। उसके हस्तक्षेप से ही श्रीमती ली का सी.टी. स्कैन रात 3.30 पर हुआ। अस्पताल के हालात देख ली साहब अपनी श्रीमती को तीन दिन में ही वहाँ से निकालकर सिंगापुर लौट आए जबकि डॉक्टर उन्हें तीन हफ़्ते

रोकना चाहते थे।

''दूसरा नज़रिया डाउनिंग स्ट्रीट से प्रधानमन्त्री के घर का है। उनका कहना है कि वहाँ से किसी भी प्रकार का हस्तक्षेप नहीं हुआ। तीसरा पक्ष अस्पताल का है, जो कहता है कि हमारे यहाँ सभी मरीज़ों की हालत परखकर ही उनकी चिकित्सा की प्राथमिकता तय की जाती है। इस मामले में वे किसी भी तरह की लापरवाही से इनकार करते हैं।''

अचानक मेरे दोस्त के दिमाग़ का पारा एकदम से ऊपर चढ़ गया; वह बोला, ''विलायत में यह पी.एम. का ऑफ़िस है कि कबाड़ा ? खुलेआम यह मानने में शर्म कैसी कि हमने अस्पताल के डायरेक्टर को टाइट कर दिया ! अपने यहाँ ऐसा होता तो पी.एम. तो पी.एम., हमारे सी.एम. तक अस्पताल के डायरेक्टर को पहले सस्पेंड करते, नाम साले का बाद में पूछते !...और यह अस्पताल है कि खटारा ? वहाँ वी.आइ.पी. लोगों का अलग से कोई इन्तज़ाम ही नहीं है ? उन्हें भी घुरहू-कतवारू के साथ ही लाइन में लगना पड़ता है ! लानत है ऐसे मुल्क पर !''

जोश से जोश पैदा होता है। मुझे अचानक याद आ गया कि मेरी एक सिफ़ारिश पर अभी तक सी.एम. ने कुछ नहीं किया है। मैंने तुरन्त उनके दफ़्तर को फ़ोन मिलाया, कहा, ''मिस्टर सी.एम. ऑफ़िस ! मेरे आदमी को–वही आर. पी. सिंह को–अभी तक प्राइवेट वार्ड नहीं मिला ! वह जनरल वार्ड में सड़ रहा है। यह क्या हो रहा है ?''

उधर से जवाब आया, ''सर, हमने पी.जी. मेडिकल इंस्टीट्यूट के डायरेक्टर को प्राइवेट वार्ड के लिए 39 सिफ़ारिशें भेजी हैं। उनमें से तीस पर काम हो गया। अब आर.पी. सिंह का नम्बर आने ही वाला है।''

''पर वह वी.आइ.पी. कोटा का है। यह काम पहले ही हो जाना चाहिए था।''

''पहले कैसे होता सर ? पहलेवाले सभी वी.वी.आइ.पी. कोटे में हैं।''

''फिर भी...''

''सर, मैं डायरेक्टर से कहे देता हूँ। वह अभी आपसे फ़ोन पर बात करेगा।''

अब डायरेक्टर फ़ोन पर मुझसे बात कर रहा था ! 'सर, सर' की इफ़रात ! मुझे ख़ुश रखने को व्याकुल ! उसने कहा, ''सर, आजकल इस रहस्यमय बुखार के कारण सारी व्यवस्था चरमरा गई है।''

''रहस्यपूर्ण बुखार ! यह क्या है ?''

''डेंगू फीवर सर, डेंगू ! जैसे पहले कॉलरा था, उसी में कुछ जोड़-घटाकर

गैस्ट्रोइंट्राइटिस कर दिया। वैसे ही डेंगू को फ़िलहाल हम रहस्यमय बीमारी कह रहे हैं।''

मैंने टोका, ''पर आर.पी. सिंह का क्या हुआ ?''

''सर, यक़ीन मानें, अभी कोई भी प्राइवेट वार्ड ख़ाली नहीं है। जैसे ही होगा, सबसे पहले उसे दिया जाएगा।''

मैंने खींचकर अपनी आवाज़ कड़ी कर ली, कहा, ''सुन लो डायरेक्टर साहब ! मुझसे बहानेबाज़ी नहीं चलेगी ! तुम्हें नौकरी करनी है कि नहीं ? तुम्हारे हाथ में प्राइवेट वार्ड देने का ही हक़ नहीं है, प्राइवेट वार्ड से मरीज़ को निकाल बाहर करने का भी हक़ है, तो भगाओ किसी ऐसे-वैसे को ! अभी ! इसी वक्त !''

''मगर सर...''

''अगर-मगर कुछ नहीं !'' मैंने कहा, ''समझते क्या हो ? यह कोई रॉयल लन्डन हॉस्पिटल है ? यह हमारे महान देश का एक महान पोस्ट ग्रैजुएट मेडिकल इंस्टीट्यूट है ! मानता हूँ कि यहाँ वही होगा जो तुम चाहोगे, पर मत भूलो कि तुम वही चाहोगे जो कि मैं चाहूँगा !''

*[24.11.2003]*

# कड़ाही बनाम केतली

अगले महीने होनेवाले विधानसभा चुनावों में जो दो समाजशास्त्रीय शब्द ख़ास तौर से उभरे हैं, वे हैं–'चरित्रहनन' और 'मानहानि'। एक सतर्क बुद्धिजीवी की तरह मैंने तुरन्त अपने कुछ जेबी बुद्धिजीवियों को बुलाया और एक संगोष्ठी में इन पर एक संक्षिप्त-सा विमर्श किया।

समाजशास्त्र के प्रोफ़ेसर मित्र बोले, "चरित्रहनन एक बेमतलब लफ्ज़ है। चरित्र यानी कैरेक्टर क्या कोई खटमल है या मक्खी-मच्छर-पिस्सू जिसे आप जब चाहें मसल दें ? चरित्र, जनाब, चरित्र है। अगर वह आपमें है, तो है। उसका हनन कैसा ? जैसे, केन्द्रीय राज्यमन्त्री दिलीप सिंह जूदेव को एक सी.डी. में रुपए लेते दिखाया गया। इसे आप घूस कहते हैं, पर उसे भेंट क्यों नहीं कहते ? अंग्रेज़ों ने ही इंडियन पेनल कोड बनाया और राजपुरुषों के लिए किसी काम के बदले भेंट लेने को घूस का जुर्म बना दिया, पर उसके पहले क्या अपने समाज में इसे सचमुच ही जुर्म माना जाता था ? तब तो वह हमारे सामाजिक शिष्टाचार का अंग था। सच तो यह कि आज भी है। अब अगर आप शिष्टाचार को ही अपराध घोषित कर दें तो बताइए, हमारी संस्कृति में भला बचेगा क्या ? वह तो अपराधों का ही पुलिन्दा होकर रह जाएगी।"

हमारे वकील मित्र बोले, "आपने एकदम सही फरमाया, काम के बदले इनाम या इनाम लेकर ही काम हमारी परम्परा रही है। अगर जूदेव जू ने ऐसा किया तो सिर्फ़ परम्परा निभाई। यह भी न भूलें कि वे राजघराने के हैं। कहा गया है कि राजपुरुषों का दर्शन ख़ाली हाथ नहीं करना चाहिए।"

मैंने उन्हें टोककर कहा, "तो जूदेव जू ने यही क्यों नहीं कहा ? या तो कहते कि सी.डी. झूठी, फर्जी और नक़ली है या कहते कि घूस नहीं, मैं तो अपनी महान परम्परा के अनुसार प्रजा से भेंट ग्रहण कर रहा था।"

वकील बोले, "वे इन दो में से कुछ भी क्यों कहते ? रुपिया लिया या नहीं,

यह तो मुद्दा ही नहीं है। असली मुद्दा तो यह है कि इसमें अजीत जोगी की कितनी साजिश है और उसका भंडाफोड़ होना चाहिए, जूदेव जू यही कर रहे हैं।''

''फिर भी जूदेव जू को यह तो कहना चाहिए था कि वह सी.डी. फर्जी है,'' मैंने कहा।

''ग़ैरज़रूरी बात कहने की क्या ज़रूरत ?'' वकील बोले, ''सभी जानते हैं कि ऐसे सभी सी.डी. फर्जी होती हैं। तहलकावाली सी.डी. भी वैसी ही रही। तभी जया जेटली और जॉर्ज साहब–भले ही उनकी मूँछें न हों–मूँछों पर ताव देते घूम रहे हैं। एक सी.डी. मायावती के ख़िलाफ़ भी बनी थी। उसमें वे पार्टी विधायकों से कमीशन माँग रही थीं। वह भी फर्जी खाते में गई।''

''दरअसल, असली सी.डी. में भी घटना की छाया भर आती है और छाया और वास्तविक पदार्थ में बहुत फर्क है। फिर नक़ली तो नक़ली ही है। पूरी सी.डी. कल्चर ही झूठ, साजिश और नक़ल की कल्चर है। उसका नोटिस न लेना ही वाजिब है।''

मैंने पूछा, ''तब जूदेव जू ने इस्तीफ़ा क्यों दे दिया ?''

''लोकमत का सम्मान रखने की ख़ातिर,'' वकील बोले, ''जैसे भगवान राम ने सीता को निर्वासन दे दिया था।''

मैंने कहा, ''फिर भी पूरे मसले में जूदेव जू की मानहानि तो हुई ही, उन्हें अजीत जोगी पर मानहानि का मुकदमा ठोक देना चाहिए।''

''देखिए,'' इस बार समाजशास्त्री बोले, ''नेताओं का कैसा मान और कैसा अपमान ! उनकी हालत तो सुलभ शौचालय जैसी है, जिसे लोग आकर गन्दा कर जाते हैं। उधर सफ़ाई की तनख़्वाह पानेवाले कर्मचारी उसकी बराबर सफ़ाई करते रहते हैं। नेताओं के मान की धारणा ही एक मिथक है। फिर, लोग यह भी जानते हैं कि एक नेता पैन-कड़ाही है तो दूसरा केतली, दोनों के ही कालिख पुती है। दोनों एक-दूसरे को अगर काला कहें तो उसका कोई मतलब नहीं होता। इसलिए उनके मान या उसकी हानि का सारा ख़याल ही बचकाना है।''

''तब मध्य प्रदेश के मुख्यमन्त्री दिग्विजय सिंह ने उमा भारती पर मानहानि का मुकदमा क्यों ठोका ?''

''अपने मुँह को थकान से बचाने के लिए,'' वकील ने कहा, ''चुनाव प्रचार में दोनों एक-दूसरे पर लगातार कीचड़ फेंकते रहे थे। तभी दिग्विजय जी को थकान का एहसास हुआ होगा। कीचड़बाज़ी के खेल से बाहर होने का यह आसान तरीक़ा था कि एक मुकदमा ठोक दो और चैन से चुनाव प्रचार करते रहो। अब

चुनाव सभाओं में उन्हें उमा भारती के आरोपों का जवाब देने की ज़रूरत नहीं रही क्योंकि सारा जहान जान गया कि उन आरोपों को झूठा घोषित करके ही मानहानि का दावा दायर किया गया है। यह मुकदमा चलाया, इसका यह मतलब नहीं कि वे अपने मान की हैसियत या उसकी हानि के बारे में नासमझ हैं।''

समाजशास्त्री बोले, ''और जहाँ तक इस सी.डी. की बात है, किसी को रुपिया लेते दिखाना उसका चरित्र हनन कैसे हो गया ? रुपिया कमाना और शान से ख़र्च करना तो सभ्यता की निशानी है। असली चरित्र हनन तो तब होता जब किसी लड़की को पकड़कर नेताजी के ऊपर बलात्कार का आरोप लगवा दिया जाता। उसमें न कैमरे की ज़रूरत होती, न सी.डी. की। जुर्म झूठा साबित होता, तब भी उम्र भर के लिए दाग़ तो लग ही जाता। सच यह है कि चरित्र-हत्या करनी हो तो लंगोट के कच्चेपन की बात उठाइए, बाकी अपराधों का चरित्र से क्या लेना-देना ?''

''आप तो चरित्र की एक नई परिभाषा ही गढ़ रहे हैं।''

''गढ़ नहीं रहा हूँ,'' उन्होंने कहा, ''जो गढ़ी जा चुकी है, उसे बता रहा हूँ।''

*[8.12.2003]*

# हमारी राष्ट्रीय भुलक्कड़ी

उसे भुलाना और उसे झुलाना उतना ही आसान होगा जितना बड़ा होगा घोटाला। अब सुनिए : तीन बुजुर्ग हैं। पार्क की बेंच पर बैठे हुए। तीनों मध्यवित्त, अच्छी सरकारी नौकरियों से अवकाश प्राप्त। उनमें केन्द्रीय जाँच ब्यूरो का एक ऊँचा (भूतपूर्व) अफ़सर भी है। इन सभी को पक्का यक़ीन है कि ज़माना नाजुक है, हर शाख पे उल्लू बैठा है, ईमानदार की मौत है, बेईमानी का बोलबाला है, देश रसातल को जा रहा है; सपना रामराज्य का था, हालत हराम-राज्य की हो गई है, आदि-आदि।

तीनों के बीच चौथा मैं हूँ—न इधर, न उधर।

केन्द्रीय जाँच ब्यूरो के पुराने अफ़सर बरसों के तजुर्बे के बूते एक खुफ़िया कंसल्टेंसी सर्विस चला रहे हैं। उनसे परामर्श लेने बड़े-बड़े पुलिस अफ़सर आते हैं, बड़े-बड़े मुजरिम भी—अन्तर्राष्ट्रीय ख़्याति के घोटालेबाज़, माफ़िया सरदार, जालसाज़, चोर, सीनाज़ोर आदि। एक आता है किसी मामले में क़ानूनी शिकंजा कसने का गुर सीखने, दूसरा आता है उसी मामले में शिकंजे से निजात पाने। धन्धा बुरा नहीं है।

मैंने पूछा, "अगर अब्दुल करीम तेलगी आपके पास अपने बचाव का रास्ता पूछने आ जाए तो आप क्या सलाह देंगे ?"

बोले, "भई, वास्तविक सलाह तो मामले की पेचीदगी और फ़ीस की रकम देखकर तय होगी, पर रुपए के घोटालों और जालसाज़ी आदि के मामलों में मेरी सामान्य सलाह यही रहती है कि घोटाले को जितना भारी-भरकम बनाया जा सकता हो, बनाया जाए, उसे इतना बड़ा बना दो कि उसके नीचे दबकर जाँचकर्ताओं की कमर ही टूट जाए। इसके अलावा, जितने ज़्यादा अभियुक्त फाँसे जा सकें, उतने फाँसे जाएँ। इस हिसाब से तेलगी का मामला उसके हक़ में सही रास्ते पर चल रहा है। अब कहा जाने लगा है कि फर्जी स्टाम्प पेपरों का घोटाला

लगभग तीस हज़ार करोड़ रुपयों का है...''

एक बुजुर्ग की आँखें फैल गईं, मत्था उनके पीछे ग़ायब हो गया। दूसरे बुज़ुर्ग बोले, ''तीस हज़ार करोड़ ! बाप रे ! कितना होता होगा ?''

अपराध विशेषज्ञ ने मुझसे कहा, ''देखा आपने ? हुई न वही बात ? तीस हज़ार करोड़ की रकम देखने में कितनी बड़ी होगी, यह हममें से किसी को पता नहीं। तभी इतने बड़े घोटाले की बात सुनते ही हमारे लायक दोस्त को अपने पिताश्री याद आ गए। यही होता है, इतनी बड़ी रकम सुनते ही हम यथार्थ में नहीं, फैंटेसी में डूबने-उतराने लगते हैं। तेलगी जैसा चरित्र अचानक महानायक बन जाता है और पूरा दृश्य किसी इन्द्रजाल के धुँधलके में ढक जाता है। तेलगी के मामले में एक और अच्छी बात हो रही है; मुलज़िमों की संख्या कुंभ मेले के यात्रियों की तरह बढ़ती जा रही है। पहले कुछ सब-इंस्पेक्टर, इंस्पेक्टर, फिर ए.सी.पी. वग़ैरह, फिर पूर्व पुलिस कमिश्नर तक, अब एक डी.जी.पी. से भी पूछताछ हुई। उधर किसी न्यूज चैनल की कृपा से किसी बंसल या अग्रवाल के बँगले से न जाने कितने सौ बक्सों में फर्जी दस्तावेज, सिक्के और टिकट बरामद हुए। ग़ौर कीजिए कि मुकदमे के मुद्दे, उसकी पेचीदगियाँ, मुलज़िमों की संख्या और आर्थिक अपराध का आकार–कितनी तेज़ी से बढ़ रहे हैं। तेलगी को ख़ुश होना चाहिए।''

मैंने पूछा, ''यह तो तेलगी की बात हुई, पर यदि विशेष अनुसंधान दल के अफ़सर आपसे सलाह माँगे तो आप क्या कहेंगे ?''

''इसका उलटा ! यही कि उसे महामानव बनाने के बदले पहले उस पर एकाध जाली स्टाम्प पेपरों का मुकदमा चलाओ–यही लाख-दो लाख रुपए का। दो-तीन महीने में किसी भुट्टाचोर की तरह उसे साल-दो साल की सज़ा करा दो। फिर इतमीनान से तीस हज़ार करोड़ रुपए के इन्द्रजाल में धँस लो, सभी को मालूम है कि उसके सूत इस कदर उलझ गए हैं कि वह गाँठ कोई खोल नहीं पाएगा और जब सारी जाँच टीमें जाल में फँसी चिड़िया की तरह फड़फड़ा रही होंगी, तब कोई इससे भी बड़ा घोटाला सामने आ जाएगा और लोग इसे भूल जाएँगे।''

अचानक दूसरे बुजुर्ग ने कहा, ''पर तीस हज़ार करोड़ रुपया...यह होता कितना होगा ? कभी देखा है आपने ?''

मैंने जवाब दिया, ''कभी नहीं, उस बारे में सोचा भी नहीं। मैंने कुछ साल वित्त मन्त्रालय में भी बिताए हैं। वहाँ जब मेरे सामने करोड़ों रुपए के ख़र्च का प्रस्ताव आता तो मैं कुछ सोच ही न पाता था। मेरे लिए वह एक निकम्मा आँकड़ा

भर था। तभी मैं ख़ामोशी से उस पर दस्तखत कर देता। पर लाख-पचास हज़ार की बात मेरी समझ में आती थी। तभी मैं इन छोटे प्रस्तावों पर ज़्यादा गौर करता था। मजाल थी किसी की कि उन पर कोई मेरा दस्तखत ले ले।''

बात बहक रही थी। सी.बी.आई. अफ़सर ने उसे समेटा। कहा, ''जहाँ आप पर करोड़ों का आरोप लगे, मुस्कराइए कि आप ख़ैरियत से हैं, बोफ़ोर्स तो अब घोटाला नहीं, राजनीतिक नारा भर रह गया है। हर्षद मेहता का घोटाला भी अंधायुग का इतिहास हो गया। उधर, पण्डित सुखराम आज मुस्करा रहे हैं। एक बक्सा नोट लेने के आरोपी पूर्व प्रधानमन्त्री भी मुस्करा रहे हैं; चारा घोटाले के महानायक भी मुदित मन हैं; लोग भूल रहे हैं कि वह कैसा घोटाला था। अब देखना है कि लोग 'कैट' परीक्षा का पर्चा आउट होनेवाला घोटाला पहले भूलते हैं या फर्जी स्टाम्प पेपरवाला। निश्चय ही कोई इनसे भी बड़ा घोटाला जल्दी ही उभरकर ऊपर आएगा और ये पीछे रह जाएँगे।''

मुझे रघुवीर सहाय की कविता की तीन पंक्तियाँ याद आईं। 'नेता' की जगह 'घोटाला' रखने पर उसे यूँ पढ़ा जाएगा : सबसे बड़े घोटाले के बूढ़े हो जाते ही/ लग लेगा पीछे एक कम बूढ़ा (घोटाला)/जाने किस वक्त वह मर जाए जो ज़्यादा बूढ़ा है।

*[22.12.2003]*

# विकास का बॉलीवुड फ़ॉर्मूला

जब मेरा दोस्त तीसरी बार इस गोबरपट्टीवाले राज्य का मुख्यमन्त्री बना तो उसकी ज़रूरत के ख़याल से मैंने उसे फ़ोन मिलाया। उसके हाथ में चोंगा बाद में पहुँचा होगा, बोल वह पहले ही उठा, ''तुम बधाई देने जा रहे हो ? उसके लिए धन्यवाद। पर तुमसे चार दिन बाद बात होगी।''

पाँचवें दिन वह फ़ोन पर था, ''उस दिन मन्त्रिमण्डल के लिए डेढ़ सौ वफ़ादारों की सूची से जूझ रहा था। फिर भी क़रीब सत्तर लोग फिट नहीं हो पाए। उन्हें राज्यमन्त्री का ओहदा देकर निगमों और आयोगों में ठेला।''

''अब ?''

''अब एक तुम्हीं बचे हो। तुम्हें मैं राज्य का प्रमुख विकास समन्वयक नियुक्त करता हूँ।''

''स्टेटस ?'' मैंने पूछा।

''अभी राज्यमन्त्री की हैसियत से ही काम चलाओ।''

''मन्ज़ूर है। करना क्या होगा ?''

''यह तुम्हीं तय करो। तुम्हें मुख्य ध्यान फ़िल्म विकास परिषद पर देना होगा। यह संस्था आज ही बनाई है। फ़िल्मी अभिनेत्रियों में तुम्हारी गहरी दिलचस्पी का मुझे पता है। तुम इसके कार्यकारी अध्यक्ष भी होओगे।''

''अध्यक्ष कौन होगा ?''

उसने बीते दिनों की एक मशहूर अभिनेत्री का नाम लिया। 'चलेगा' मैंने सोचा, पर कहा, ''बिपाशा बसु ज़्यादा मौजूँ रहतीं।''

''कैसे ?''

''वे छोटे से छोटे और कम से कम कपड़े पहनने में यक़ीन रखती हैं। उनसे प्रेरणा लेकर हमारे प्रदेश की कन्याओं के वार्डरोब का ख़र्च घट जाता और कपड़ों की समस्या का आंशिक हल निकलता। बहरहाल।''

मुम्बई की कोई भी चिरकुट फ़िल्मी हस्ती हमारी गोबरपट्टी में आ जाए तो चहुँ ओर *धनि धनि भाग हमारे* गूँजने लगता है। पर यहाँ एक असली अभिनेत्री–भले ही बासी हो–फि. वि. परिषद की बैठक में आई हैं। लोगों का उफान थम नहीं रहा है।

आते ही वे एक प्रेस कॉन्फरेंस का हुक्म देती हैं। वे मंच पर बीच की कुर्सी में हैं; दाएँ मैं, बाएँ मुख्य सचिव, पीछे प्रमुख संस्कृति सचिव, उद्योग आयुक्त। पूरा रामपंचायतन–या सीतापंचायतन !

''पूछिए,'' वे कहती हैं।

''मैडम, आपने बुलाया, हम आ गए। इसलिए पहले आप ही कहिए।''

डेडलॉक : जिसे मैंने तोड़ा, कहा, ''मैडम ने अभी-अभी अध्यक्ष-पद सँभाला है। आप फ़िल्म उद्योग द्वारा प्रदेश विकास के लिए कमर कसे तैयार हैं।''

''किसकी कमर ?'' किसी ने टोका, ''फिर उसे कसने का प्रदेश विकास से क्या ताल्लुक ?''

मैंने मजबूरी में मुख्य सचिव की ओर देखा। उन्होंने प्रेस प्रतिनिधियों को गौर से देखा, देखते रहे, फिर ठठाकर हँसे, बोले, ''वेरी गुड जोक ! पर अब थोड़ी देर कुछ गम्भीर चर्चा हो जाए।''

''चलिए वही सही,'' एक सवाल छूटा, ''प्रदेश विकास के लिए शिक्षा, चिकित्सा, जनसंख्या नियन्त्रण, ग़रीबी और बेरोज़गारी का निवारण आदि ज़रूरी है। फ़िल्मों के विकास से ही यह सब कैसे हो जाएगा ?''

मुख्य सचिव कुछ बोलने को हुए, पर अध्यक्ष ने कहा, ''पहले मुझे समझाने दीजिए।'' वे पाँच मिनट अंग्रेज़ी में बोलती रहीं, जिसका सारांश था : 'फ़िल्म के विकास से भी विकास होता है क्योंकि विकास आख़िर है तो विकास ही। फिर हमें कहीं-न-कहीं से कुछ शुरू ही करना है तो लोहा-लंगड़ की फैक्टरियों से, जो पर्यावरण में प्रदूषण फैलाती हैं, क्यों शुरू करें ? इससे अच्छा है कि फ़िल्मों का विकास करें जो पर्यावरण को प्रदूषित नहीं, आकर्षक बनाती हैं क्योंकि विकास तो विकास ही की तरह विकास पाएगा...'

तभी कॉन्फरेंस में भूचाल-सा आ गया। सैकड़ों लड़के और लड़कियाँ शोरगुल और छीनाझपटी के माहौल में हॉल के भीतर घुस आए, दंगे की-सी हालत पैदा हो गई। हुआ यह था कि एक पूर्व मिस इंडिया अचानक वहाँ प्रकट हो गई थीं। अपनी पहली फ़िल्म में नाचने के लिए आइटम गर्ल की शोहरत उन्हें मिल चुकी थी। इस शहर में आज वे अपनी फ़िल्म के प्रमोशन के लिए आ पहुँची थीं। हमारी अध्यक्ष की मौजूदगी जानकर वे शायद आत्म-विकास की इच्छा से

या अपने प्रसिद्ध भोलेपन के कारण उनके दर्शनार्थ कॉन्फरेंस की ओर आ गई थीं। तभी नौजवानों की भीड़ ने उनके पीछे-पीछे कॉन्फरेंस पर धावा बोल दिया था।

हम सब बदहवासी में मंच पर खड़े हो गए। अभ्यस्त मुस्कान से चेहरा बिगाड़कर अध्यक्ष ने प्रेस को हाथ हिलाया। ''हम फिर मिलेंगे,'' कहकर वे और हम पुलिस के संरक्षण में सुरक्षित निकल आए। हमारे पीछे प्रदेश का विकास होता रहा।

बाद में सुना गया कि मिस इंडिया के दर्शन पाकर या न पाने के कारण उत्तेजित युवाशक्ति ने जिधर हाथ मारा जा सका, उधर हाथ मारा। उनका सबसे ज़्यादा हस्तक्षेप लड़कियों की दिशा में हुआ। बाद में यह घटना सबसे ज़्यादा चर्चित हुई।

जीन्स और टॉप पहने एक लड़की पर युवाशक्ति का कुछ ज़्यादा ही हस्तक्षेप हो गया था। उसके टॉप का निचला हिस्सा फटकर चिन्दियों की झालर जैसा हो गया था। बदहवास हालत में वह शिकायत करने के लिए उस ओर बढ़ रही थी, जहाँ कुछ पुलिसवाले तटस्थ होकर खड़े थे। तभी एक नौजवान ने उसे रोककर कहा, ''सिस्टर, कोई प्रॉब्लम है ?''

वह कुछ बोलती, उसके पहले ही नौजवान उसके पास आ गया, बोला, ''वाउ ! वंडरफुल ! आपके इस टॉप का फैशन डिज़ाइन किसने तैयार किया है ?''

लड़की ने सुबकना छोड़कर उसे हैरत से देखा।

लड़के ने कहा, ''आपको मालूम नहीं। पेरिस में समर कलेक्शंस की जो पिछली नुमाइश लगी थी, उसमें हू-ब-हू ऐसे ही टॉप को पहला इनाम मिला था। मालूम है, वह डिजाइन सिंडी क्रॉफर्ड पर डिस्प्ले हुआ था।''

लड़की के आँसू सूख गए थे। उसे शायद पता नहीं था, पर वह मुस्करा रही थी।

सांस्कृतिक विकास ही विकास की जड़ है।

*[12.1.2004]*

# कैंसर बड़ा कि तपेदिक

उस दिन हम दोनों यानी मैं, सभी विशिष्ट लोगों को शुरुआती नाम से पुकारने वाला भूतपूर्व पत्रकार और वह, यानी भारत सरकार का एक अवकाशप्राप्त सचिव आइ.आइ.सी में बैठे बियर पी रहे थे। आप जानते ही होंगे कि आइ.आइ.सी माने बुद्धिजीवियों और बुद्धिजीवी हैसियत के लिए हुड़कनेवालों का दिल्ली स्थित स्वर्ग–इंडिया इंटरनेशनल सेंटर।

बात मुख्य चुनाव आयुक्त जेम्स लिंग्दोह के उस टेलीविज़न इंटरव्यू को लेकर चल रही थी जिसमें उन्होंने देश के सारे राजनीतिक नेताओं को गन्दा और कैंसर जैसा बताया है। वे ख़ुद राजनीतिक आदमी नहीं हैं, आइ.ए.एस. के बूढ़े बछेड़े हैं।

मैंने कहा, ''कैंसर का रूपक तुम्हें कैसा लगा ?''

''वाहियात !'' हमारे दोस्त भूतपूर्व सचिव बोले, ''राजनेताओं को कैंसर कैसे कह सकते हैं ? कैंसर बरसों छिपा रहता है, उसके वजूद का पता ही नहीं चलता। नेता पहले दिन से ही चमकने लगता है। कैंसर का मरीज़ मर्ज से लड़ता है, संघर्ष करता है। नेता जैसे मर्ज़ का मरीज़, यानी समाज उससे लड़ने की जगह उसकी जय-जयकार करता है। मोटरों का कारवाँ, राइफलधारी गुंडों की जीपें, मोटरों पर चमकती लाल-नीली बत्तियाँ, बजते हुए सायरन–रोग के ये लक्षण क्या कैंसर जैसी ख़ामोश बीमारी से मेल खाते हैं ? लिंग्दोह घटिया कवि हैं जिन्हें अपने रूपक का क-ख-ग भी नहीं मालूम। कैंसर के मुकाबले मैं कोढ़ को बेहतर रूपक समझूँगा।''

''पर यह तो बद से बदतर हो गया।''

''नहीं, आप मर्ज के नाम पर नहीं, सिंप्टम्स पर जाइए,'' वे बोले, ''कोढ़ प्रकट होने के पहले उसका लम्बा 'जेस्टेशन पीरियड' होता है। वैसे ही, अगर खानदानी और ऊपर से थोपे हुए नेताओं को छोड़ दें, तो एक औसत नेता को

मंच पर उभरने में काफ़ी वक़्त लगता है। उसके बाद जिस्म पर चकत्ते पड़ने, खाल फूटने और दवा-दरमत के लम्बे दौर से गुज़रने के बाद रोग-मुक्ति की स्टेज आती है। मरीज़ 'बंर्टआउट केस' बन जाता है। उतना ही लम्बा और धीरज-भरा दौर एक ब्लॉक स्तर के नेता को मन्त्रिमण्डल तक पहुँचने में लगता है।

"फिर, यह न भूलें कि कुष्ठ संसर्गजन्य रोग है। राजनीति में भी नेता के पीछे आज जो 'जब तक सूरज चाँद रहेगा' वाला नारा लगा रहा है, संसर्ग के कारण ही वह पिछलगुआ भविष्य में नेता बन जाएगा। तभी दोहराता हूँ, लिंग्दोह का कैंसर वाला रूपक नामौजूँ है, कुष्ठ का रूपक ज़्यादा काव्यात्मक रहेगा।"

अनजाने ही मैं उनका इंटरव्यू लेने लगा था, पूछा, "भाई, अब तक तो मैं नौकरशाही को ही कोढ़ मानता रहा। अब आप यह रूपक कहीं और फिट कर रहे हैं। तब नौकरशाही को आप कौन-सी बीमारी मानेंगे ?"

वे बोले, "भयानक कब्ज़ और अपच। यह बीमारी कम है, न्यूसेंस ज़्यादा है, यही बात नौकरशाही के साथ है। जनता उनको उत्तम खाद्य समझकर भकोसती रही है और वह समाज की आँतों में क्रॉनिक कॉन्स्टिपेशन बनकर उसे चैन से बैठने नहीं देती। तभी पूरा समाज नौकरशाही को लेकर प्रायः ऊपर से मुदित, पर अन्दर से बदहाल रहता है।"

मैंने कहा, "फिर भी यह रूपक जम नहीं रहा है।"

"तब लिंग्दोह ने जो नेताओं पर जमाया है, उसे–यानी कैंसर को आप ब्यूरोक्रेसी पर फिट कर सकते हैं। मुझे एतराज़ न होगा।"

मैंने एक नया मुद्दा उठा दिया, पूछा, "समाज में डॉक्टरों, वकीलों जैसे प्रतिष्ठित समुदाय हैं। वे तो निरोग हैं न ?"

"निरोग दिखते भर हैं," उन्होंने कहा, "पर उनकी हालत अफ़ीमचियों जैसी है। लती हैं। जो अफ़ीमचियों की ललक होती है, वही इनकी भी है–पिनक में सारी दूध-मलाई हजम कर जाने की। आँख के सामने ज़माने की जो बदहाली हो रही है, उसे वे अपनी पिनक में नहीं देख पाते। आँख मूँदकर दस-बीस साल पुराने नुस्खों और दलीलों की दुनिया में खोए हुए हैं और सारी दुनिया उनके लिए सिर्फ़ उनमें और उनके नशे में सिमट आई है।"

"तब साहित्यकार-कलाकार-नट-विट-गायक वग़ैरह–इनको किस बीमारी से पहचानेंगे ?" मैंने पूछा।

"ये बेचारे शिजोफ्रीनिया के मारे हैं–इनका दिमाग़ ज़्यादातर बेकाबू हो जाता है। कभी उग्र होकर प्रतिष्ठान पर चढ़ बैठता है, कभी अवसाद का दौरा पड़ने पर आत्मदया से पीड़ित हो जाता है और प्रतिष्ठान से ही प्रतिष्ठा, उपाधि, पुरस्कार

पाने के लिए ठुनकने लगता है। मुँह हमेशा क्रान्ति की बात करता है, पर दुम हमेशा दाएँ-बाएँ हिलती रहती है। इसीलिए सभी बीमार वर्गों में यही वर्ग प्रतिष्ठान के लिए सबसे ज़्यादा दिलचस्प, सबसे कम प्रासंगिक है।''

मैंने कहा, ''भाई साहब, समाज के सभी बड़े वर्गों की तो हमने भरपेट निन्दा कर ली। इस निन्दा सत्र का आख़िरी सवाल भी सुन लें। सत्तातन्त्र में नेता-अफ़सर-उद्योगपति की सबसे घातक तिकड़ी है। बीमारी के रूप में उसे क्या कहेंगे ?''

जवाब मिला, ''तपेदिक। यहाँ मरीज़ की हालत जब गिर रही होती है तो उभरने का भ्रम होता है, कभी इसकी उलटी स्थिति होती है। मरता हुए दिखते भी मरते-मरते वह, क़ीमती दवाओं के बूते पर, अचानक तन्दुरुस्त दिखने लगता है। अर्थशास्त्री इसे उछाल कहते हैं। हमारी सहानुभूति खींचने को वह मरने का अभिनय भी करता है, पर मरता नहीं है। वह है और हमेशा के लिए है।

''यक्ष्मा को राजरोग यूँ ही नहीं कहा गया है।''

*[26.1.2004]*

# ब्लास्ट ब्रिगेड और हम भारतवासी

पटना से नालंदा की 'हेमामालिनी के गालों के चिकनेपन' को धता बताती और लालू यादव की पुरानी उक्तियों की याद दिलाती सड़क से जाकर और लौटकर मैंने कुछ सांस्कृतिक चिन्तन किया। मैं शाम के बाहरी और भीतरी धुँधलके में घिरा था। मुझे सिर्फ़ इतना याद रहा कि नालंदा और उसके पुस्तकालय को उजाड़ने में बख़्तियार ख़िल्जी का हाथ था। मेरा मन बख़्तियार जी के लिए सम्मान से भर गया, सिर आदर से झुक गया। मैंने सोचा : अहा ! यह अपढ़ योद्धा भी अपने सांस्कृतिक चिन्तन में कितना मजबूत रहा होगा कि विरोधी विचारोंवाली किताबों को, पूरे पुस्तकालय को उसने बेहिचक आग में झोंक दिया।

कॉफ़ी हाउस में दो मित्र भी आकर मेरे सामने बैठ गए थे। जब मैं बख़्तियार जी के संस्कृति प्रेम पर गद्‌गद हो रहा था तभी एक ने सवाल किया, "चौपट संस्कृति में तुम किसे ज़्यादा नम्बर दोगे ? बख़्तियार ख़िल्जी को या पुणे के सम्भाजी ब्रिगेड को ?"

"सम्भाजी ब्रिगेड की उपलब्धि क्या है ?" मैंने पूछा। इस बहादुर दस्ते के नाम मैं पहली बार सुन रहा था।

पहले मित्र ने कहा, "अमरीका के शहर मिनियापोलिस के मैकलेस्टर कॉलेज में धार्मिक अध्ययन के एक प्रोफ़ेसर जेम्स डब्ल्यू. लेन हैं। उन्होंने पुणे के भंडारकर ओरिएंटल रिसर्च इंस्टीट्यूट में बैठकर कुछ लिखा-पढ़ा और वहाँ के कुछ तथाकथित बुद्धिजीवियों से भी मिले। इन सबके सहारे उन्होंने *शिवाजी हिन्दू किंग इन इस्लामिक इंडिया* नामक पुस्तक लिखी। पुस्तक मैंने नहीं पढ़ी, जैसे कि बहुतों ने नहीं पढ़ी और अब आप इसे पढ़ भी न सकेंगे क्योंकि प्रकाशक ने इसे बाज़ार से हटा लिया है। सुना गया है कि इसमें हमारे राष्ट्रीय गौरव के प्रतीक शिवाजी महाराज के लिए कुछ अपमानजनक बातें लिखी हैं। इसका विरोध ज़रूरी है कि नहीं ? इसीलिए हमारी सम्भाजी ब्रिगेड अपने महापुरुष की गौरव-रक्षा

के लिए आगे आई, भंडारकर रिसर्च इंस्टीट्यूट में कुछ तोड़-फोड़ की, काग़ज़ फाड़े और संस्था को वाजिब तौर से सज़ा दी; उन छद्‌म बुद्धिजीवियों को भी चेतावनी दी जिन्होंने हमारे इस विदेशी निन्दक की मदद की थी। उन्होंने एक बार फिर वीरतापूर्वक दिखा दिया कि अपने इतिहास के गौरव की रक्षा करनी होगी तो हम करेंगे, उसकी हत्या करनी हुई तो वह भी हमीं करेंगे। किसी बाहरी आदमी को उसमें हाथ डालने का कोई हक़ नहीं है।''

दूसरे मित्र बोले, ''मैंने यह भी सुना है कि लेन ने अपनी किताब की भूमिका में जिन श्रीकान्त बाहुल्कर नामक छद्‌म विद्वान का जिक्र किया है, उनके मुँह पर कालिख भी पोती गई।''

पहला बोला, ''देशद्रोह के लिए यह सज़ा बहुत हलकी है।''

''तब तो सैन्य ब्रिगेड को बख़्तियार जी से ज़्यादा नम्बर मिलने चाहिए,'' मैंने कहा, ''वह तो लुटेरा था, लूट-पाटकर, फूँक-फाँककर चला गया। पर हमारे इस ब्रिगेड के सदस्य तो पढ़े-लिखे, संस्कारवान व्यक्ति हैं...''

पहला मित्र बोला, ''यही बात ब्रिगेड के प्रवक्ता ने भी पुणे के शिवाजी व्यायाम मण्डल के परिसर में एक व्याख्यान ने दौरान कही है। ब्रिगेड के सदस्यों को उन्होंने सुशिक्षित, सुसंस्कृत बताया है। उनमें जो गिरफ़्तार हुए हैं, उनका अभिनन्दन किया है।''

मैंने कहा, ''ऐसे व्यक्तियों की नोबेल शान्ति पुरस्कार के लिए सिफ़ारिश की जानी चाहिए।''

दूसरे मित्र बोले, ''रुकिए, रुकिए। तब तो हमें विश्व स्तर पर ऐसे सभी लोगों की परख करनी होगी, जो अपने इतिहास के विरोधियों को सबक सिखाने को तैयार हैं।''

''है कोई उनका दूसरा प्रतिद्वन्द्वी आपकी नज़र में... ?'' मैंने पूछा।

''कई हैं; एक तो स्टॉकहोम में इस्राइल के राजदूत मेज़ेल साहब ही हैं...''

''उनकी क्या उपलब्धि है ?'' मैंने पूछा।

''अभी हाल में एक स्वीडिश संस्था ने वहाँ एक शान्ति सम्बन्धी नुमाइश लगाई थी। उसमें एक ऐसे फिलस्तीनी आत्मघाती बमबाज़ के चित्र को दिखाया गया था जिसके हमले में कुछ महीने पहले बाईस इस्राइली मारे गए थे। इसे देखते ही राजदूत ज़्वी मेज़ेल पवित्र क्रोध से भर गए। उन्होंने इस चित्र के चारों ओर रोशनी देनेवाले तारों को तोड़ डाला, एक रोशनी लाल पानी से भरे पात्र में ठूँस दी और इस प्रकार इस्राइल विरोधी तत्त्वों को मौके पर ही कड़ी सज़ा

दे दी। स्वीडन के राजनयिक जो भी कहें, इस्राइली प्रधानमन्त्री शैरों साहब ने अपने राजदूत की भूरि-भूरि प्रशंसा की है। अजब नहीं होगा यदि वे उसका नाम नोबेल शान्ति पुरस्कार के लिए प्रस्तावित कर दें।''

मैं सोच में पड़ गया। हमारा देशवासी इतिहास के गौरव से चाहे जितना अभिभूत क्यों न हो, अतीत में हमारे गौरवशाली महापुरुषों की प्रतिष्ठा की रक्षा के लिए चाहे कितना ही बड़ा त्याग करने को क्यों न तैयार हो, नोबेल पुरस्कार के मामले में वह किसी पश्चिमी भावोन्मादी का मुक़ाबला थोड़े ही कर पाएगा ?

मैंने मित्रों से कहा, ''तब हमारे ब्लास्ट ब्रिगेड को पश्चिम के नोबेल प्राइज को पहले ही ठुकरा देना चाहिए। हम उनके लिए उतने ही बड़े दूसरे पुरस्कार की स्थापना करेंगे। उसका नाम होगा 'इतिहास-गौरव पुरस्कार'।''

दूसरे मित्र ने पूछा, ''पर इतनी बड़ी रकम कहाँ से आएगी ?''

मैंने कहा, ''आप भारतवासियों पर इतना भरोसा भी नहीं कर सकते ? जो निरन्तर भावावेश में रहते हुए हमारे अतीत गौरव की रक्षा कर रहे हैं, उनके सम्मान के लिए देश के कोने-कोने से क्या कुछ करोड़ रुपए भी नहीं निकल सकते ?

मित्रों से मैंने कहा, ''न भूलो, हमारे अतीत में सब कुछ महान है, वर्तमान में जो कुछ है, वह कुछ-कुछ महान है; भविष्य भी महान हो सकता है बशर्ते उसे हमारे महान अतीत का ही डुप्लीकेट बना दिया जाए।''

*[9.2.2004]*

# अपने-अपने न्यायमूर्ति

हमने विपक्षी दल के एक नेता से पूछा, "बी.बी.सी. की ख़बरनवीसी की निन्दा करते हुए जिस तरह लॉर्ड हटन ने ब्रिटिश प्राइम मिनिस्टर टोनी ब्लेयर को अपनी जाँच रिपोर्ट में बेदाग़ साबित किया, वैसा अपने देश में हुआ होता तो आप क्या कहते ?"

मेरा सवाल पूरा होने के पहले ही जवाब मिला, "यही कि वह प्राइम मिनिस्टर का पुराना चमचा है। उसके जाँच आदेश का हमें शुरू में ही बहिष्कार करना चाहिए था।"

हम कॉफी हाउस में कॉफी पीते हुए राजनीतिक चर्चा कर रहे थे।

"और अगर आप बी.बी.सी. के चेयरमैन होते तो क्या करते ? आप भी क्या गेविन डेविस की तरह तुरन्त इस्तीफ़ा दे देते ?" मैंने पूछा।

"मैं क्यों इस्तीफ़ा देता ? उलटे हटन रिपोर्ट को झूठ का पुलिन्दा बताते हुए ब्रिटिश पी.एम. से ही इस्तीफे की माँग करता; अगले दिन चक्का जाम और बन्द भी करा देता। उधर जनता अपना मनपसन्द काम करती—बसें फूँकती, सरकारी दफ्तरों पर ढेलेबाजी करती..."

पहले, इस संवाद की पृष्ठभूमि समझ लें, हालाँकि कॉफी हाउस के नियमानुसार कोई संवाद चलाने के लिए उसकी पृष्ठभूमि जानना ज़रूरी नहीं है। कई महीने पहले, इराक के युद्ध के दौरान बी.बी.सी. के रिपोर्टर एंड्रयू जिलियन ने ब्लेयर सरकार पर एक ख़बर में यह आरोप लगाया कि इराक में सामूहिक विध्वंस के हथियारों की मौजदूगी आदि के बारे में उसने खुफिया रिपोर्टों में फेरबदल करके उस युद्ध में अपनी भागीदारी को न्यायोचित बनाने के लिए संसद और जनता से फरेब किया है। दबसट में फँसे ब्लेयर ने पूरे मामले की न्यायिक जाँच लॉर्ड हटन को सौंप दी, जो कि ब्रिटेन के बहुत वरिष्ठ और सम्मानित जज हैं। उन्होंने अपनी जाँच रिपोर्ट में ब्लेयर को पूरी तौर से निर्दोष पाया और इस

ग़लत ख़बर के सम्पादन और प्रसारण आदि की कड़ी आलोचना की। रिपोर्ट आते ही बी.बी.सी. के चेयरमैन डेविस और महानिदेशक डाइक ने अपने-अपने पद से इस्तीफ़ा दे दिया। यही नहीं, डेविस की जगह आए कार्यवाहक चेयरमैन राइडर ने सरकार से बी.बी.सी. की ग़लतियों के लिए क्षमायाचना भी की। यह सब इतनी जल्दी हुआ कि ख़ुद डाइक को कहना पड़ा कि राइडर ने किस बात के लिए क्षमा माँगी है ?

मैंने कहा, "ख़ैर, बसें फूँकने और ढेला फेंकने में अंग्रेज़ भले ही हमारा मुक़ाबला न कर सकें, पर उनके अख़बार जज हटन पर जमकर कटाक्ष कर रहे हैं। और भले ही मामला गम्भीर हो, परिहास और व्यंग्य के सहारे वे इशारा कर रहे हैं कि उनकी रिपोर्ट एकतरफ़ा है। टोनी ब्लेयर को रिपोर्ट में पाक-साफ़ बताने पर *डेली टेलीग्राफ़* ने एक कार्टून छापा है, जिसमें एक जोड़ा खिड़की से बाहर गिरती हुई बर्फ को देखते हुए आपस में कहता है, 'देखो, यह गिरती हुई बर्फ लगभग वैसी ही पवित्र है जैसे कि टोनी ब्लेयर।' इसे कहते हैं परिहास बोध।"

नेता-मित्र बोले, "अजी, कैसा परिहास और कैसा बोध ! अगर उससे हालात बदल सकते तो अब तक लक्ष्मण के कार्टूनों से रामराज्य आ गया होता। तभी हम राजनीति को हँसी-मसखरी से दूर रखते हैं।"

मैंने कहा, "लालू यादव का अपवाद छोड़कर..."

"पर लालू यादव भी अपवाद नहीं हैं," नेताजी बोले, "हर बात वे गहरी संजीदगी से कहते हैं। यह और बात है कि मुँह से निकलते ही वह हँसी-मसखरी में बदल जाती है।"

"तभी अपनी बात हम तोप के गोले की तरह दागते हैं। अभी हाल में फुकन आयोग की रिपोर्ट पर क्या हुआ ? जस्टिस फुकन ने जिन रक्षा सौदों की जाँच की, उनमें रक्षामन्त्री जॉर्ज फर्नांडीस को निर्दोष पाया। मगर हमारे विपक्ष का चौकन्नापन देखिए, उसके प्रवक्ताओं ने आयोग की रिपोर्ट—भले ही वह गोपनीय हो—पढ़े बिना ही उसे आड़े हाथों लिया। काँग्रेस प्रवक्ता ने सीधा आरोप लगाया कि रक्षामन्त्री ने अपनी पहुँच का इस्तेमाल करके तहलका को ग़लत साबित कराया है।"

वे जोश में आकर मुझे घूरने लगे, जैसे सारी गड़बड़ी मैंने ही की हो !

वे फिर से चालू हो गए, बोले, "राजनीति चलाते रहने से ही चलती है। हमारा काम है कि कोई चीज़ दफ़न न होने पाए; मुद्दे को मरने न दो, ज़िन्दा रखो। यही आवागमन का सिद्धान्त है। इसकी एक मिसाल लो। हाल ही में दिल्ली हाइकोर्ट ने बोफोर्स मामले में राजीव गांधी को बरी कर दिया, हिन्दुजा बन्धुओं

के बारे में कह दिया कि उन पर दलाली खाने का आरोप नहीं बनता; सी.बी. आई. की भर्त्सना की। अब इसे अगर हटन-बी.बी.सी. की तर्ज पर चलाया जाए तो सी.बी.आई. के निदेशक को तुरन्त इस्तीफ़ा दे देना चाहिए। और मामले को दफ़न कर देना चाहिए। पर नहीं, ख़ुद सी.बी.आई. हाइकोर्ट का फैसला बाद में पढ़ेगी, स्पेशल अपील दायर करने की बात पहले कहेगी। और आप क्या समझते हैं कि राजीव विरोधी खेमा इस फैसले पर 'आमीन' कहकर खामोश हो जाएगा ? जी नहीं, आगे-आगे देखिए होता है क्या !''

नेताजी ने अन्तिम निर्णय दिया, ''दरअसल, हमें न्यायमूर्तियों की ज़रूरत नहीं है। हम सभी अपने-अपने न्यायमूर्ति हैं। तभी अयोध्या विवाद का फ़ैसला आने से पहले ही कुछ लोग कह रहे हैं कि यह भावनात्मक प्रश्न है। इसका निबटारा न्यायालय नहीं कर सकता। न्यायमूर्ति हमारे असली झगड़े नहीं सुलझा सकते, क्योंकि हमारा हर झगड़ा अमर है। हम कचहरी में हारेंगे तो हम जन अदालत में जाएँगे, जहाँ किरासन के कनस्तर और ईंट के अद्धे की दफ़ाएँ चलती हैं। आमीन !''

*[23.2.2004]*

# प्रेम का एक दिन

पिछली 14 फरवरी को वैलेंटाइन डे भारत भूमि पर यानी यहाँ के शहरों में सकुशल और सोल्लास मनाया गया। शिव सैनिकों ने, हमेशा की तरह, इसे राष्ट्र की संस्कृति का विरोधी बताया, पर एकाध जगह प्रेमी युगलों को कान पकड़कर उठा-बैठक करवाने के सिवाय वे कुछ ऐसा नहीं कर सके जो ख़बरों के लिए मसाले का, और लुटती हुई राष्ट्रीय संस्कृति की रक्षा का काम करता।

मुझ जैसे अपढ़ को धुँधले तौर पर तो लगता है कि संस्कृति एक कबीलाई अवधारणा है। यह भी पता है कि वैलेंटाइन डे हमारी संस्कृति के ख़िलाफ़ है; पर यह पता नहीं कि हमारी संस्कृति है क्या ? बहरहाल, मेरे कुछ बुजुर्ग शिव सेना से सहमत थे कि अगर किसी लड़के-लड़की में प्यार हो तो हमारी संस्कृति रसातल में चली जाती है और अगर उस प्यार का किसी खुली जगह में इज़हार हो जाए तो वह एकदम पाताल पहुँच जाती है (वैसे, 'रसातल' और 'पाताल' भी संस्कृति से ही निकले हैं)।

मुझे लगा कि इस मामले की मुझे ख़ुद पड़ताल करनी चाहिए, देखना चाहिए कि वैलेंटाइन डे पर नगर पथों, पार्कों, पुस्तकालयों, पिकनिक स्पॉटों, पबों आदि में जो प्रेमी युगल दीख रहे हैं, उनका ख़ुद इस मामले में क्या नज़रिया है ! यह जानने के लिए मैं एक टी.वी. न्यूज चैनल का रिपोर्टर बनकर प्रेमियों से पटी हुई खुली दुनिया में निकल पड़ा।

इतना तो मैं समझ रहा था कि परिवार की इजाज़त के बिना किसी नौजवान लड़के और लड़की का प्रेम संस्कृति का विनाश-बिन्दु है और उसी तरह माँ-बाप के हुक्म से दो अजनबियों का शादी रचाकर एक बिस्तर में घुस जाना संस्कृति का चरम उत्कर्ष है। इसी आधार पर पार्क में बेंच पर बैठे हुए एक प्रेमी जोड़े का मैंने तुरन्त इंटरव्यू लिया; पूछा, ''आप प्रेम के कारण आपस में नत्थी दिखते हैं; पर शादी के बारे में क्या ख़याल है ?''

लड़की मुँह फेरकर दूसरी ओर देखने लगी। लड़का बोला, "मैं इसी से शादी करता मगर बाबा बीच में आ जाते हैं।" वह आगे बताता रहा, "जब मैं माँ के पेट में था, उन्होंने तभी अपने जिगरी दोस्त सेठ नत्थाराम के यहाँ मेरी शादी तय कर दी थी। कहा था कि अगर मेरे यहाँ बेटा हो और तेरे घर बेटी–उसे मेरे पैदा होने के तीन महीने बाद आना था–तो उनकी शादी कर दी जाए। और अगर मेरे घर बेटी हो तो वक़्त आने पर अपने पोते से शादी कर देना, जो कि इस वक़्त डेढ़ साल का है।"

"तो कब हो रही है आपकी शादी ?" मैंने पूछा।

"वह तो दस साल पहले हो चुकी।"

"तो ?"

उसने जवाब दिया, "डेढ़ साल पहले बीवी मर भी गई।"

"तब अपनी प्रेमिका से शादी करने में क्या दिक्कत है ?"

"पिता की आज्ञा," उसने कहा, "वे चाहते हैं कि पुरानी ससुराल बनाए रखने के लिए मुझे अब अपनी छोटी साली से शादी करनी चाहिए। अगले साल कर भी लूँगा।"

मैंने कहा, "यानी यह प्रेम बस दरम्यानी इन्तजाम–इंटरिम अरेंजमेंट भर है।"

इस पर लड़की अचानक मुँह खोलकर हँसी। लड़का बोला, "यही समझ लीजिए।"

पेड़ के तने से पीठ सटाए एक दूसरा जोड़ा बैठा था। उसने हमें बताया कि लड़का अपने परिवार की मर्ज़ी के ख़िलाफ़ सब कुछ पीछे छोड़कर प्रेमिका से शादी करना चाहता है, पर वह उससे इतना बड़ा त्याग नहीं चाहती। मेरे 'क्यों' के जवाब में प्रेमिका ने कहा, "पापा ने मेरी शादी एक आइ.ए.एस. से तय कर ली है–पचास लाख का दहेज दे रहे हैं। वैसे, अपनी वसीयत में हम दो बहनों को कुछ न देकर उन्होंने सारी जायदाद भाइयों में बाँट दी है। यह शादी करके मैं पापा का कम से कम पचास लाख लेकर अपनी ससुराल जाऊँगी। उनसे कुछ वसूल करने का यही रास्ता बचा है। पिता की आज्ञाकारी बिटिया होने का क्रेडिट भी मिलेगा।"

कई तरह के नमूने मिले। सभी स्वच्छन्द प्रेमी माँ-बाप के आज्ञाकारी, यानी राष्ट्रीय संस्कृति के पोषक मिले। एक तीखे स्वभाव का जोड़ा भी मिला। जातपाँत को भुलाकर उनके माँ-बाप इस शादी के लिए रज़ामन्द थे, पर लड़के का बाप दहेज माँग रहा था।

मैंने लड़के से पूछा, "आप इसका विरोध क्यों नहीं करते ?"

उसने कहा, "यही क्या कम है कि पापा शादी के लिए राज़ी है ?"

मैं खीज गया; बोला, "अगर कम दहेज मिलने पर आपकी माँ चाहें कि आपकी पत्नी को जला दिया जाए तो उसे जल जाने देंगे ?"

लड़के ने कहा, "सोचना पड़ेगा। आख़िर माँ सिर्फ़ एक है; पत्नी दूसरी, तीसरी या चौथी भी आ सकती है।"

अचानक लड़की ने कहा, "यही सवाल कृपया मुझसे पूछिए। अगर मेरी माँ इस जैसे दामाद को जलाना चाहेगी तो मैं भी इसे जल जाने दूँगी, बल्कि इसकी बात सुनकर मुझे लगता है कि माँ न चाहे, तब भी मैं इसे ख़ुद जला दूँगी।"

लड़का झेंपकर हँसा।

आख़िरी जोड़ा एक-दूसरे में तन-मन से तल्लीन दिखा और उसी ने एक संस्कृति-विरोधी बात कही, "हम जाति-बन्धन तोड़कर विवाह करने जा रहे हैं। सारा समाज विरोध कर रहा है, पर हम अलग नहीं होंगे," उल्लास के साथ लड़की ने कहा।

अचानक संस्कृति के कुछ रखवालों ने पार्क पर धावा बोला। सभी जोड़े भाग निकले। कुछ दूर से हमने देखा और सुना, यही आख़िरी जोड़ा उनके हाथ में पड़ गया है और प्रस्ताव हो रहा है कि सज़ा के तौर पर वे अपने कान पकड़कर पाँच मिनट उठें-बैठें।

*[8.3.2004]*

# बादशाहत का साया

चाहें तो इसे होली का खुमार मान लें, कल अचानक मुझ पर कविता और संगीत का हमला हुआ। मैं रघुवीर सहाय की एक कविता 'साठ साल पहले की कवि सम्मेलनी छटा में' आँखें बन्द करके झूम-झूमकर गाने लगा :

*राष्ट्रगीत में भला कौन वह,*
*भारत-भाग्य-विधाता है।*
*फटा सुथन्ना पहने जिसका*
*गुन हरचरना गाता है।*

इसके बाद हम बादशाहों के मायालोक में पहुँचते हैं :

*मखमल टमटम बल्लम तुरही*
*पगड़ी छत्र चँवर के साथ*
*तोप छुड़ाकर ढोल बजा कर*
*जय-जय कौन कराता है।*

न जाने कब मेरे दोनों पड़ोसी, सर्वज्ञ जी और अनजान जी, सामने आकर बैठ गए थे। मैंने जैसे ही आँखें खोलीं, अनजान जी ने पूछा, ''यह किस राजराजेश्वर की वन्दना है ?''

जवाब सर्वज्ञ जी ने दिया, ''यह हमारे संसदीय प्रजातन्त्र की प्रार्थना है, भले ही अब उस पर बादशाहत का साया पड़ने लगा हो।''

''या यूँ कहें कि ऐसा प्रजातन्त्र जो राजशाही के खुमार से अभी उबर नहीं पाया है,'' मैंने कहा।

अनजान जी ने कहा, ''मैं समझा नहीं ?''

''समझाता हूँ,'' सर्वज्ञ जी बोले, ''आज़ादी मिलने पर हमने अपने लिए विलायती ढाँचे की संसदीय प्रणाली अपनाई और उसी की बोली-बानी उधार ली।

तभी केन्द्र सरकार को 'मेरी सरकार' कहने का हक़ अकेले राष्ट्रपति को मिला, राज्यों की सरकारें राज्यपाल के लिए 'मेरी सरकार' हुईं। उधर कोई भी प्रधानमन्त्री या मुख्यमन्त्री यह नहीं कह सकता कि 'मैंने यह किया, मैंने वह किया' क्योंकि सारे निर्णय मन्त्रिपरिषद के सामूहिक निर्णय हैं...''

अनजान जी ने उन्हें बीच में रोककर कहा, ''आप मुझे उलटा-सीधा समझा रहे हैं ! कौन-सा मुख्यमन्त्री है जो आज अपने को महाराजाधिराज नहीं मानता ? कुछ समय पहले ख़ुद प्रधानमन्त्री ने गुजरात के मुख्यमन्त्री को राजा समझते हुए राजधर्म की सीख दी थी। कुछ समय पहले उत्तर प्रदेश के एक मुख्यमन्त्री ने भी अपना हवाला देकर कहा था कि वह कैसा राजा है जो ख़ुश होने पर इनाम न दे सके और नाराज़ होने पर सज़ा ! वे तो अपने को इस तरह देखते हैं, और आप मुझे पढ़ा रहे हैं कि अकेले उनकी कोई हैसियत ही नहीं।''

सर्वज्ञ जी हँसे, बोले, ''लीजिए, जो मैं आपको समझाना चाहता था, उसे आप पहले ही समझ गए। प्रजातन्त्र पर राजशाही के साये का यही मतलब है।''

''तभी ऐसा है,'' मैंने कहा, ''कि राजीव गांधी के प्रधानमन्त्रित्व में जब पश्चिम बंगाल के लिए केन्द्र सरकार ने लगभग 600 करोड़ रुपए की परियोजनाएँ स्वीकृत कीं तो उसे प्रधानमन्त्री का 'गिफ्ट पैकेज' कहा गया, जैसे यह रक़म उन्होंने अपने घर से निकालकर दी हो !''

सर्वज्ञ जी बोले, ''दरअसल, राजा की ख़ुशी में जो धमाका है, वह 'यह सरकार का निर्णय है' जैसे लुँज-पुँज वाक्य में थोड़े ही आ सकता है !''

''जैसे रथयात्रा !'' अचानक मैं बोला।

अनजान जी ने पूछा, ''क्या मतलब ?''

''इसमें भी त्रेता युग की खनक है। जब उप-प्रधानमन्त्री की रथयात्रा की बात उठती है तो लगता है, कोई चक्रवर्ती सम्राट रथ पर सवार होकर दिग्विजय के लिए निकल रहा है।''

''पर अब तो उसका नाम 'भारत उदय यात्रा' हो गया है।''

''जो भी हो, लगता यही है कि अश्वमेध यज्ञ की तैयारी है और कोई घोड़ा दिग्विजय के लिए छोड़ा गया है।''

सर्वज्ञ जी बोले, ''सच तो यह है कि यह भी एक तरह की आउटसोर्सिंग हुई। अपने देश में नए राजतन्त्र का निर्माण करना था तो हमने रूस से अपनी समाजवाद बनवा लिया, इंग्लैंड से संसदीय प्रणाली बनवा ली, इधर भूमंडलीकरण अमेरिका से बनवा लिया और इस तरह हमारे शुद्ध देसी शासनतन्त्र का निर्माण हो गया।''

अनजान जी बोले, "आउटसोर्सिंग क्या चीज़ है ? इसे हिन्दी में क्या कहेंगे ?"

"इसके लिए तो अंग्रेज़ी में भी कोई शब्द नहीं है, हिन्दी में कहाँ से आएगा ?"

सर्वज्ञ जी ने गम्भीरता से कहा, "मैं समझाता हूँ।" और वे उद्योग और अर्थशास्त्र के उबाऊ शब्दजाल में डूबकर एकदम चालू हो गए।

मैंने उन्हें रोका, "इसे यूँ समझिए। आपने 'श्री 420' फ़िल्म का वह पुराना गाना सुना होगा, *मेरा जूता है...*"

वे बोले, "सुना ही नहीं। याद भी है :

*मेरा जूता है जापानी*
*ये पतलून इंग्लिस्तानी*
*सर पर लाल टोपी रूसी*
*फिर भी दिल है हिन्दुस्तानी।*"

"बहुत अच्छे !" मैंने कहा, "अब मान लीजिए कि हमने अपने देश में एक ऐसी फैक्टरी लगाई जिसमें 'जेंटलमैन' यानी भद्र पुरुष का निर्माण होगा, तो एक तरीका यह है कि एक-एक पुर्जा ख़ुद ही बनाकर अपना माल सम्पूर्ण रूप से तैयार करें; दूसरा तरीका यह कि जिस मुल्क में जो पुर्जा यहाँ से सस्ता बन जाए, वहाँ से उसे बनवाकर मँगा लें। यानी जेंटलमैन का जूता जापान से, पतलून इंग्लिस्तान से, टोपी रूस से...सिर्फ़ दिल अपना देसी रहे। उत्पादन की इस ठेकेदारी पद्धति को 'आउटसोर्सिंग' कहेंगे।"

अनजान जी बोले, "थैंक्यू, अब बात बिलकुल साफ़ हो गई।"

मैं कहता रहा, "इसी आउटसोर्सिंग की धारणा को अब आप देश से उठाकर आज में ले आइए। मान लीजिए कि अतीत एक देश है, वर्तमान दूसरा देश, तो अपने संसदीय तन्त्र के राजशाही पुर्जे हम अतीत से मँगवा रहे हैं और वर्तमान में इस्तेमाल कर रहे हैं। इस तरह हम देश और काल का घालमेल जितनी सफलता से कर रहे हैं..."

मुझे टोककर अनजान जी बोले, "मैं समझा नहीं !"

मैं जो कह रहा था, उसका मतलब ख़ुद भी नहीं समझ पा रहा था, तो भला अनजान जी को क्या समझाता ?

*[22.3.2004]*

# वोट की लूट-खसोट

वह संयोगों का दिन था। मेरा घर ज़्यादातर पण्डितों के चरणकमल और मुल्लाओं के पाए-मुकद्दस से अछूता रहता है। उस दिन अचानक पड़ोस के एक पण्डित आ गए, उनके जाने के बाद एक मुल्ला भी।

अर्घ्य-पाद्य का ज़माना गया; पण्डित को सामने कुर्सी पर बैठाया, चाय के लिए पूछा। वे चाय नहीं पीते, मिठाई मँगाई। पर उनके मत्थे पर चिन्ता की रेखाएँ थीं। झोले से एक अंग्रेज़ी किताब निकालकर मेज़ पर पटक दी, बोले, "इसे पढ़िए। देखिए, कुछ सालों में हम पर इस्लाम का कितना भयानक हमला होनेवाला है।"

किताब का नाम था *रेलिजस डेमोग्राफ़ी ऑफ़ इंडिया* (भारत की धार्मिक जनांकिकी)। मैंने इस किताब के बारे में कुछ सुन-पढ़ रखा था। किताब की शक्ल देखते ही मैं समझ गया कि उसे रद्दी कहने के लिए उस रद्दी किताब का पढ़ना मेरे लिए ज़रूरी नहीं है। मैंने पण्डित से कहा, "इसे न पढ़ा है, न पढ़ूँगा। आप ही बताइए कि इसमें कौन-सा विस्फोटक पदार्थ भरा है ?"

पुस्तक के तीन लेखकों के नाम—ए.पी. जोशी, एम.डी. श्रीनिवास और जे. के. बजाज मुझे लगातार घूर रहे थे। पण्डित बोले, "समाजवादी मित्रों का सपना है ('मित्रों' पर जोर) कि भारत और पाकिस्तान फिर एक हो जाएँ। उनका यह सपना 2061 तक पूरा हो जाएगा।"

"सो कैसे ?" मैंने पूछा।

"ऐसे कि इस समय मुसलमानों की आबादी तेज़ी से बढ़ रही है, उधर हिन्दुओं की आबादी की रफ़्तार बहुत धीमी है। ऐसा ही रहा तो इस किताब के अनुसार, 2061 तक मुसलमान भारत में बहुसंख्यक हो जाएँगे, हिन्दू अल्पसंख्यक होकर रह जाएँगे। तब पाकिस्तान-भारत को मिलाकर बड़ा इस्लामी राष्ट्र बनने का रास्ता साफ़ हो जाएगा। वास्तव में इस पुस्तक के विद्वान लेखकों

ने जनसंख्याशास्त्र और सांख्यिकी का जैसा अध्ययन किया है, उसमें किसी तर्क की गुंजाइश नहीं रहती।''

''यह तो जाहिर है,'' मैंने कहा, ''उनके साथ तर्क नहीं किया जा सकता।''

''बताइए,'' उन्होंने तर्क दिया, ''जो लोग चार-चार बीवियाँ रखते हैं, उनकी सन्तानों की संख्या ज़्यादा होगी या हिन्दुओं की, क्षमा कीजिएगा, भारतीय धर्मावलम्बियों की ? इस पुस्तक में हमें 'भारतीय धर्मावलम्बी' कहा गया है, मुसलमानों और ईसाइयों आदि को अन्य धर्मावलम्बी,'' उन्होंने समझाया।

''यानी वे भारतीय नहीं हैं ?'' मैंने हैरत से पूछा।

''बाबर की सन्तानें ! इन्हें भारतीय कहेंगे ?''

''ख़ैर, छोड़िए इसे,'' मैंने कहा, ''मध्यकाल के रजवाड़ों में महाराजा की दर्जनों पत्नियाँ होती थीं, तो उनकी सन्तानें सैकड़ों में रही होंगी ? फिर पण्डित जी, आप कितने मुसलमानों को घनिष्ठता से जानते हैं ?''

''एक को भी नहीं, पर आठ-दस से दुआ-सलाम तो है ही।''

''उनमें से हर एक की कितनी बीवियाँ हैं ?'' मैंने पूछा।

''ज़्यादातर एक !''

''फिर ?'' मैंने पूछा।

वे बोले, ''फिर क्या ? वे परिवार नियोजन भी तो नहीं मानते। हिन्दू ही, क्षमा कीजिएगा, भारतीय धर्मावलम्बी ही इतने मूर्ख हैं कि परिवार नियोजन करते हैं।''

''तो उन्हें क्या करना चाहिए ?''

''हचककर एक-एक दर्जन बच्चे पैदा करना चाहिए,'' वे हचककर बोले।

''राजा सगर की तरह सोलह हज़ार क्यों नहीं ?'' मैंने पूछा।

वे बोले, ''वह सतजुग की बात थी, आज घोर कलिकाल है।''

इच्छा हुई कि पण्डित के सामने जनसंख्या वृद्धि के कारणों पर प्रवचन करूँ, जन्म-दर, मृत्यु-दर, प्रजनन आदि के आँकड़े देकर उन्हें 'डेमोग्राफ़ी' का 'क ख ग' समझाऊँ; अकाल, युद्ध, महामारी आदि की चर्चा करूँ, दूसरे विशेषज्ञों द्वारा किए गए विपरीत अध्ययन पेश करूँ, पर तुलसीदास याद आ गए : *ऊसर बरसे तृण नहिं जामा*।

इसीलिए पण्डित को जाने के लिए प्रेरित करते हुए मैंने कुर्सी से उठकर कहा, ''पण्डित जी, न भूलें कि यह वही भारतभूमि है, जहाँ पुत्रेष्टि यज्ञ करके वांछित सन्तान-प्राप्ति की जाती रही है। अन्य धर्मावलम्बियों से डरिए नहीं। शान से यज्ञ कीजिए। असंख्य कृमि, कीट-पतंग, मच्छर-पिस्सू आदि की तरह सन्तानें

प्राप्त करते रहिए, नमस्कार।''

पण्डित के जाते ही मौलाना आते दिखे। दूसरी तरफ़ पड़ोस की मस्जिद में मुल्ला हैं। उनका कुरता आगे-पीछे और दोनों बगलों से फटकर चिन्दी-चिन्दी हो गया था। आगे बढ़कर मैंने उनकी ख़ैरियत पूछी।

बोले, ''यह चार उम्मीदवारों की मुहब्बत का सबूत है। दरअसल, आज चार पार्टियों ने वोट के लिए एक साथ मुझ पर हमला बोल दिया। काँग्रेस ने आगे से मेरा कुरता खींचा, सपा ने पीछे से, बसपा ने बाईं बगल से और भाजपा ने दाईं बगल से। ये सभी सेकुलर हो गई हैं। सभी हमें खाने के लिए उर्दू ज़बान दे रही हैं, मकान की जगह जुमा को दोपहर से छुट्टी दे रही हैं ताकि हम मस्जिद में जाकर चैन से बैठें।''

''पर मियाँ, ऐसा तो पिछले चुनावों में कभी नहीं हुआ,'' मैंने कहा, ''कम से कम आपका कुरता तो साबुत बचा रहता था !''

वे बोले, ''मगर तब कमबख़्त किताब कहाँ छपी थी। जब से उन्हें मालूम हुआ कि 2061 तक हम भारत में अक्सरियत हासिल कर लेंगे, तभी से सब पार्टियाँ वोट के लिए एक साथ मेरा कुरता पकड़कर झूल रही हैं।''

*[19.4.2004]*

# चुनाव के दिनों में अध्यात्म चिन्तन

प्रधानमन्त्री लखनऊ लोकसभा की सीट से अपनी उम्मीदवारी का पर्चा भरने से पहले श्री सत्य साईं बाबा का आशीर्वाद पाने के लिए उनके आश्रम प्रशान्त निलयम् पर गए। उनके लौटते ही हमारे पड़ोसी नेता राधेलाल अकेला भी एक महात्मा से आशीर्वाद ले आए। वे अगले दिन परचा भरनेवाले थे। मैंने कहा, ''प्रधानमन्त्री अमर प्रशान्त निलयम् गए थे तो आपको कम से कम शिरडी तो जाना ही चाहिए था।''

वे बोले, ''हर महात्मा महात्मा होता है।''

बात मेरी समझ में नहीं आई क्योंकि हर चुकन्दर चुकन्दर होता है, आलू नहीं हो जाता।

उन्होंने कहा, ''मेरा मतलब है कि महात्माओं की आपस में तुलना नहीं हो सकती, चाहे वे शिरडी के साईं बाबा हों या आज के सत्य साईं बाबा। फिर हमारे जो गुरु जी हैं, वे सबसे ऊपर हैं। उनका वचन कभी खाली नहीं जाता। वैसा धाँसू बाबा धरती पर कोई दूसरा नहीं। मुझे उन्हीं का आशीर्वाद प्राप्त है।''

''महात्मा जी का नाम ?'' मैंने पूछा।

''उनका नाम बीड़ीवाले बाबा है, पर आपने सुना नहीं होगा। वे प्रचार से दूर रहते हैं,'' उन्होंने बताया।

मैंने उनके बारे में सुन रखा था। वे एक झोंपड़ी में रहते हैं, धोती और बंडी पहनते हैं। सिर पर मजदूरों जैसा अँगोछा बाँधे रहते हैं। बोलते बहुत कम हैं। मुँह में लगातार बीड़ी लगी रहती है। जब वे बीड़ी का ठोंठा कोने में फेंक देते हैं तो कोई भक्त दूसरी बीड़ी जलाकर उनके मुँह में लगा देता है। प्रायः वे किसी भी भक्त से दो से ज़्यादा बीड़ियाँ स्वीकार नहीं करते। जिससे तीन बीड़ियाँ ले लेते हैं, समझा जाता है कि उसे आशीर्वाद मिल गया, उसकी मनोकामना पूरी होगी। अकेला जी की तीन बीड़ियाँ पीकर बाबा ने जब उन्हें

जाने का इशारा किया तो वह उनके पाँव पर खड़े बाँस जैसे गिर पड़े। शुकराने में उन्होंने बाबा के मुँह में चौथी बीड़ी लगा दी थी।

मैंने उन्हें बधाई दी; फिर कहा, ''एक घड़ेवाले बाबा भी तो हैं।''

घड़ेवाले बाबा भक्तों को प्रसाद देने के लिए छूँछे घड़े में हाथ डालते हैं और चमत्कार से फल-मेवा-मिठाई आदि पैदा कर देते हैं। जिसके लिए कमल का फूल निकल आए, वह सबसे अधिक भाग्यशाली माना जाता है।

अकेला जी बोले, ''घड़ेवाले बाबा महात्मा नहीं हैं, साधक हैं, तन्त्र विद्या का काम करते हैं। मैं तन्त्र नहीं, श्रद्धा और विश्वास में आस्था रखता हूँ।''

अकेला जी के जाते-जाते मेरे भीतर का पुराना पत्रकार जाग उठा। अपने सात-आठ परिचित उम्मीदवारों की सूची लेकर मैं उनके हालचाल लेने निकल पड़ा।

पहले उम्मीदवार विकास के नाम पर चुनाव लड़ रहे थे। उनके भाषणों का बीज शब्द था 'बिपासा'। जी नहीं, फ़िल्मी सेक्स-बम बिपाशा बसु नहीं; 'बिजली, पानी, सड़क' का संक्षेप है 'बिपासा'। वे अपने निर्माणाधीन मकान के सामने खड़े हुए अपने कार्यकर्ताओं से चुनावी विचार-विमर्श कर रहे थे, दूसरी ओर मिस्तरियों-मज़दूरों से भी उलझे हुए थे। मैंने देखा, मकान में जोड़ा बहुत कम जा रहा है, ज़्यादा ज़ोर तोड़ने पर है। एक दीवार से बिजली का मीटर निकाला जा रहा था। सामने सहन से पानी का पाइप हटाकर दूसरी दिशा में ले जाया जा रहा था। उन्होंने कहा, ''एक उम्दा आर्किटेक्ट होते हुए भी मुझसे चूक हो गई। मैंने वास्तुशास्त्र के किसी पण्डित को समय से कंसल्ट नहीं किया। कल एक वास्तुशास्त्री ने निरीक्षण करके बताया कि चुनाव क्षेत्र में बिपाशा चाहे जितना ज़ोर लगाए, मकान की बिपासा मुझे ले डूबेगी। उनकी राय में बिजली का स्रोत उत्तर-पूर्व में अशुभ है। तभी मीटर बॉक्स हटा रहा हूँ। जल का स्रोत यानी पाइप वायव्य कोण में नहीं होना चाहिए, उसे ख़ुदवाकर ईशान दिशा में भेज रहा हूँ।''

मैंने कहा, ''यह तो 'बि' और 'पा' की बात हुई, 'बिपासा' के 'स' यानी सड़क का क्या होगा ?''

''देखिए न,'' वे बोले, ''सड़क की ओर ही मेरे ड्राइंग रूम की बाहरी दीवार में तीन दरवाज़े हैं। एक दीवार में तीन दरवाज़ों का होना अशुभ है। इसलिए वह देखिए, तीसरा दरवाज़ा हटाकर दीवार ईंटों से चिनवाए दे रहा हूँ। भाई, चुनाव के दिनों में कोई ख़तरा नहीं उठाना चाहता।''

जिन दूसरे उम्मीदवारों से मिला, वे भी ऐसे ही आस्थावान निकले। प्रवीण जी के ड्राइंग रूम में दिन-रात चुनाव सम्बन्धी बैठकें चला करती थीं। अचानक

बैठकों में गाली-गलौज होने लगी, कुछ अपने ही पराए बन गए। तब प्रवीण जी को फेंग शुई की राय लेनी पड़ी। विशेषज्ञ की राय से ड्राइंग रूम के लाल परदे हटा दिए गए, हलके हरे परदे आए, उत्तर-पश्चिमवाली बैठक की जगह दक्षिण-पश्चिम के एक कमरे का इस्तेमाल शुरू हुआ। घर में रखे हुए कैक्टस और बोंसाई के गमले बाहर फेंक दिए गए। अब घर पर होनेवाली चुनावी बैठकों में सौहार्द का वातावरण लौट आया है।

एक उम्मीदवार मशहूर माफ़िया डॉन है। विकास के एजेंडे के साथ-साथ वे बूथों पर कब्जे की पूरी तैयारी किए मिले, पर अध्यात्म वहाँ भी दिखा; इक्यावन पण्डित मिलकर एक मण्डप में उनकी विजय के लिए यज्ञ कर रहे थे। पर उन्होंने कहा, "मैं अन्धविश्वासी नहीं हूँ। यह हवन तो वातावरण का प्रदूषण मिटाने के लिए है।"

अन्धविश्वास का निषेध हो या ठोस श्रद्धा—जवाब में हम ख़ामोश हैं।

*[3.5.2004]*

# फिर भी मन न बहला

सत्ताइस अप्रैल। लोकसभा चुनावों का दूसरा चौपट चरण गुज़र चुका है। अख़बार चुनावी हिंसा और दुर्घटनाओं के धब्बों से बदरंग हैं। गोलीबारी और सुरंगी विस्फोट एक तरफ़, दुर्घटनाओं में भी न जाने कितने नेता घायल हुए हैं, कुछ उससे भी आगे पहुँच चुके हैं। न्यूज चैनलों में घिसी-पिटी ख़बरों और बहसों की लगातार घिसाई-पिसाई चल रही है। इस धुआँधार चर्चा से मुझे अपच होने लगा है। जानता हूँ, बाहर भी चैन नहीं मिलेगा। फिर भी बचाव ज़रूरी है। सो, तय किया : 'आज के दिन न्यूज चैनल और अख़बार की छुट्टी। मन बहलाव के लिए पूरा दिन टी.वी. सीरियल देखते हुए बिताऊँगा।' ऐसी हिम्मत पहली बार कर रहा था।

टी.वी. खोलते ही सीरियल में सजी-धजी युवती दिखी (वैसे, बाद में जो भी महिलाएँ दिखीं, सभी सजी-धजी दिखीं)। सीरियल का नाम पहले निकल चुका था। उसे जानने के लिए मैंने अपने विशेषज्ञ भतीजे को बुलाया। उम्र 10 साल। आते ही उसने कहा, "वह पिंक गाउनवाली प्रेरणा है, वह अनुराग है। सीरियल है : कसौटी ज़िन्दगी की।"

पता चला कि प्रेरणा की बच्ची स्नेहा को ब्लड कैंसर है; डॉक्टरों का कहना है कि वह अपना बोन मैरो (अस्थि मेद) नहीं दे सकती। पृष्ठभूमि में गूँजता हुआ 'ज़िन्दगी, तू बता दे, मैं जाऊँ तो कहाँ जाऊँ' गाना सुनते हुए वह आँसू बहाती है, अनुराग से टेस्ट कराने के बाद अपना बोनमैरो देने की प्रार्थना करती है...नई कमीज़ और नफीस काले सूट में सजा अनुराग चीख़ता है, "मुझे बच्ची का बाप बताकर उसकी बीमारी का फ़ायदा मत उठाओ।"

"अनुराग प्रेरणा का पति है ?" मैंने पूछा।

भतीजा बोला, "पहले नहीं था, बाद में था; अब नहीं है। शुरू में उसका लवर था, उसे प्रेग्नेंट कर दिया। बाद में उससे शादी रचाई। फिर बच्ची हुई स्नेहा। अब वह बजाज के साथ रहती है। अनुराग कहता है कि बच्ची का बाप

बजाज है।''

पूछा, ''अनुराग से प्रेरणा की तलाक हुई ?''

विशेषज्ञ बोला, ''हो चुकी। पर वह आज भी उससे लव करती है। असल में बजाज ने कभी उसका बिजनेस हड़पा था। उसकी वापसी के लिए प्रेरणा अनुराग को छोड़ बजाज के यहाँ चली आई है।''

तब तक एक और वैसी ही सजी-धजी युवती प्रेरणा के पास आ गई। भतीजा बोला, ''यह अनुराग की वाइफ है, अर्पणा।''

अर्पणा प्रेरणा को फटकार रही थी : वह क्यों झूठ बोलकर अनुराग को स्नेहा का बाप बता रही है...

कुछ देर बाद जब नया सीरियल आया तो पहले ही भतीजे ने कहा, ''कभी होए न जुदाई।''

वैसी ही सजी-धजी रंभाएँ, मेनकाएँ, उर्वशियाँ। नए-नए फैशनों में गन्धर्वों जैसे रईस नौजवान, अरबपति बूढ़े।

भतीजा समझाता है, ''यह सिद्धार्थ है; वह है उसकी वाइफ प्रिया। पर असल में वह प्रिया नहीं, कन्या है।''

किसी नौजवान को वह पुकार रही है। मैं पूछता हूँ, ''वह क्या कन्या का भाई है ?''

''नहीं अंकल,'' मेरी बेवकूफ़ी पर खीजते हुए भतीजा कहता है, ''वह उसका दूसरा हस्बैंड है–देव। बहुत बड़ा सिंगर है।''

मेरी समझ में कुछ नहीं आता, पूछता हूँ, ''और ?''

''और कन्या का पहला हस्बैंड भी है। मर चुका है। पर असल में मरा नहीं है, कन्या को बेवकूफ़ बनाने के लिए मरने का ढोंग रचा है।''

''यह कैसे ?'' मैंने पूछा।

''जैसे कन्या ने अपने पहले हस्बैंड को भरमाने के लिए अपने मरने का ढोंग रचा है। वह देव के आगे प्रिया बनकर आती है।''

''देव उसे पहचान नहीं पाता ? क्यों ?''

''क्योंकि कन्या कह रही है कि वह कन्या नहीं है। वैसे देव जानता है कि वह कन्या है,'' विशेषज्ञ बोलता है। मैं हैरत में हूँ। वह मुझे हिकारत की नज़र से देखता है।

''और कन्या ने सिद्धार्थ से शादी कब की ?''

''की कहाँ ?'' उसने कहा, ''वाइफ होने का वह दिखावा भर कर रही है, है नहीं।''

बहुत देर बाद मैं नासमझों की तरह 'कुमकुम', 'केसर', 'भाभी', 'क्योंकि सास भी...' आदि का दलदल पार करके 'कहीं किसी रोज' में धँस जाता हूँ। पूछता हूँ, "यह आदमी गंगा में किसका अस्थि-कलश विसर्जित कर रहा है ?"

"अपनी होनेवाली वाइफ का। वह अपने पिछले जन्म में भी उसकी वाइफ थी।"

मैं पूछता हूँ, "वह दूसरे अस्थि-कलशवाली लड़की कौन है ?"

"वह भी वाइफ है, पर दोनों में से कोई अभी यह जानता नहीं।"

"पिछले जन्मवाली वाइफ कब मरी ?" मैं पूछता हूँ।

भतीजा कहता है, "बहुत पहले। उसे उसकी सास ने मार दिया था। सास बड़ी बदमाश है।"

"और यह इस जन्म की होनेवाली वाइफ ? यह कैसे मरी ?"

"उसे भी उसी सास ने मार दिया। वह उसे जनम-जनम से मारती आ रही है।"

मैं फिर पूछता हूँ, "वह सास कहाँ है ?"

"वही रमोला है," भतीजा कहता है, "उसी की लाश अभी नदी के घाट पर आई थी। उसका नाम हाथ पर गुदा था न !"

वह कुछ सोचने लगता है, कहता है, "वह मर गई। फिर भी मरेगी नहीं। लगता है, किसी अगले एपिसोड में आएगी। पूरी विलेन है।"

मैं चकराया, "मेरी समझ में कुछ नहीं आया।"

"तो मेरा खोपड़ा क्यों खा रहे हो अंकल ?" भतीजा भड़क उठा है। मेरे हाथों में रिमोट पटककर कहता है, "लीजिए, अपना वही न्यूज चैनल देखिए। आप और कुछ नहीं समझ पाएँगे।"

मैं सचमुच ही एन.डी. टी.वी. चैनल लगा देता हूँ, जहाँ कुछ विशेषज्ञ एक्जिट पोल पर ऐसी गहन वार्ता कर रहे हैं जिसे सुनकर चौपालों में हुक्के की गुड़गुड़ाहट के बीच समाज-चर्चा करनेवाले भी मात खा जाएँ।

*[17.5.2004]*

# जिन्हें दर्द का एहसास नहीं

हमारे पड़ोसी डॉक्टर उदय अमेरिका में कुछ दिन बिताकर अभी परसों वापस लौटे हैं। इत्तफाक देखिए कि पिछले चुनावी नारे की ईजाद होने के बरसों पहले उनका नाम 'भारत उदय' रखा गया था।

मुझसे मिलते ही बोले, ''इस बार अमेरिका की यात्रा बहुत सार्थक रही। एक बड़ी अजीब और ताज़ातरीन बीमारी की जानकारी लेकर आया हूँ। अमेरिका ने अभी हाल ही में इसका अनुसंधान किया है। मालूम है, वहाँ इसके मरीज़ों की संख्या मुश्किल से पचीस होगी।''

मेरे पूछने पर उन्होंने बताया, ''बीमारी का नाम 'हेसान-टाइप पाँच' है–हेरिडिटरी सेंसरी ऑटोनॉमिक न्यूरोपैथी टाइप फाइव !''

वे कहते रहे, ''इसमें मरीज़ को दर्द का एहसास नहीं होता। जिस्म में सुई चुभो दो, आँख में उँगली डाल दो, दाँत तोड़ दो, कुछ भी कर दो, उसे कुछ भी नहीं जान पड़ता।''

डॉक्टर उदय बड़े उल्लास से बता रहे थे, ''एक तीन साल की बच्ची है, उसका नाम है गैबी गिंग्रास। उसे यही बीमारी है। अपनी उँगली अपनी ही आँख में खोंसकर उसने एक आँख बिगाड़ ली, उसे कुछ पता नहीं चला। दरअसल, उसे लेकर जो अनुसंधान हुए, उसी से इस बीमारी की खोज हुई। बड़ा दुर्लभ रोग है। अनुमान है कि अमेरिका में मुश्किल से इसके पचीस मरीज़ मिलेंगे।''

मैंने कहा, ''यह तो गीता के स्थितप्रज्ञवाली हैसियत हुई। शीत और ऊष्ण, उल्लास और पीड़ा, सुख और दुख–इन सबको जो एक जैसा मानता है, वही योगस्थ है, स्थितप्रज्ञ है, वह समत्व पा चुका है।''

मित्र कुछ हिचके, शायद मेरा तीर निशाने से कुछ आगे पहुँच गया था, बोले, ''नहीं, एकदम ऐसा नहीं। इस टाइप पाँच बीमारी में जाड़े और गरमी का, चलने और रुकने का एहसास कायम रहता है। सिर्फ़ दर्द नहीं होता। गैबी की एड़ी

में सुई चुभोकर ख़ून निकाला गया, खिलौनों को चबाते हुए उसने अपने कई दाँत तोड़ लिए, चबा-चबाकर उसने अपनी उँगलियों को लहूलुहान कर दिया; फिर भी उसे दर्द का एहसास नहीं हुआ। उसके दिमाग़ में जो दर्दवाला खाना है, वह सुन्न बना रहा। इसे गीता से मत जोड़िए। गैबी की बीमारी शारीरिक है, स्नायविक ! गीता की बीमारी मानसिक है, आप आध्यात्मिक भी कह सकते हैं।''

अचानक गीता मेरे दिमाग से 'फेड आउट' हो गई। सामने बैठे भारत उदय की जगह पिछले महीनों का चमकता भारत उदयवाला विज्ञापन मुझ पर हावी हो गया। मैं निकम्मे बुद्धिजीवी की तरह सोचता रहा; फिर मैंने डॉ. उदय से कहा, ''तब तो 'हेसान-टाइप पाँच' भले ही अमेरिका में दुर्लभ रोग हो, जिसके निदान और इलाज में अभी 'ब्रेकथ्रू' नहीं हुआ, पर अपने भारत का यह बहुत ही जाना-बूझा मर्ज है।''

''वह कैसे ?'' डॉक्टर ने चौकन्ना होकर पूछा।

मैंने कहा, ''भारत में इस मर्ज़ के एक अरब मरीज़ पहले से ही मौजूद हैं। आप अतिशयोक्ति समझें तो इसमें चार-छह करोड़ घटा लें। तब भी जो करोड़ों लोग बचेंगे, वे सभी 'हेसान' के मरीज़ हैं। एक तरह से हमारा सारा समाज ही दर्द का एहसास न होनेवाले मर्ज का मरीज़ है।''

''ऐसा कैसे ?''

''किसी भी त्रासदी पर दर्द नहीं होता ! वह अपनी उँगलियों से अपनी ही आँख फोड़ने का कोई मौक़ा नहीं चूकता। गैबी की एड़ी में तो सिर्फ़ एक सुई चुभोई गई थी, देश की राजधानी में ही कई साल पहले न जाने कितने सिखों का नरसंहार हुआ, हाल ही में गुजरात में सामूहिक ध्वंस और हत्या हुईं ! पर कुछ अपवाद छोड़कर, समाज के चेहरे पर शिकन तक न आई। आज भी इसी समाज में दहेज के लिए न जाने कितनी बहुएँ जलाई जाती हैं, कन्याओं के न जाने कितने भ्रूण नष्ट किए जाते हैं। इतना बड़ा समाज क्या इन सबका कोई दर्द महसूस करता है ?''

डॉक्टर बोले, ''कुल मिलाकर आप यही कह रहे हैं न कि हमारी सामूहिक संवेदना भोथरी हो गई है ? हो सकता है, पर आप कन्फ़्यूज्ड हैं। जो समस्या चिकित्सा विज्ञान की है, उसे आप समाज विज्ञान पर थोप रहे हैं।''

''क्या चिकित्सा विज्ञान समाज से और समाज विज्ञान से निरपेक्ष रह सकता है ?'' मैंने पूछा।

डॉक्टर ने नाक सिकोड़ी, कहा, ''माफ़ कीजिएगा, यह फ़िलॉसफी मेरे पल्ले नहीं पड़ी।''

''बात फ़िलॉसफी की नहीं, उस बीमारी की है, जिसमें दर्द का एहसास नहीं होता,'' मैंने कहा, ''अगर गैबी आपकी बेटी होती और उसी के दाँत उसकी उँगलियों को जख़्मी कर रहे होते तो आपको न लगता कि वह ख़ून ख़ुद आपकी उँगलियों से बह रहा है ? अपने समाज की सामूहिक संवेदनहीनता आपको 'हेसान-टाइप पाँच' की याद नहीं दिलाती ?''

उनकी बेटी चाय की ट्रे के साथ हमारी ओर आ रही थी। डॉक्टर बोले, ''छोड़िए भी साहब, अपने मन पर इतना वज़न मत डालिए। फील गुड कीजिए और चाय पीजिए।''

मैंने कहा, ''सुनिए डॉक्टर भारत उदय, संसद के चुनाव तो पीछे छूट गए। भारत उदय भी पीछे छूटा, उसी के साथ अब फील गुड की चर्चा भी पीछे छूट जाए तो ज़्यादा अच्छा होगा। और यह भी न भूलिए कि दर्दनाक हालात पर जिस समाज में फील बैड करने का माद्दा ही नहीं रहा, उसे फील गुड का एहसास भी कैसे हो पाएगा ? फील गुड के ही लिए मौके पर फील बैड का एहसास लाजमी है। इसे आप फ़िलॉसफी कहें तो मुझे कोई एतराज़ नहीं।''

*[31.5.2004]*

# एक नया करिश्मा

उस दिन अचानक बलबीर बाबू सवेरे-सवेरे मेरे घर पर प्रकट हुए। हमेशा लुटा-पिटा दिखनेवाला चेहरा इस वक़्त एक अजीब-सी दीप्ति से दमक रहा था। आते ही उन्होंने झोले से मिठाई का एक डिब्बा निकाला, उसमें से एक लड्डू मेरे मुँह में ठूँसने को उद्यत हुए। बोले, ''पहले मुँह मीठा कीजिए, फिर ख़ुशख़बरी सुनिए।''

मैं मोदकप्रेमी रहा हूँ, पर जब से लड्डू राजनीति का हथियार बन गया, मैं उससे विरक्त हो गया हूँ। कभी किसी नेता के जन्मदिन पर उसके पिछलगुए तीन क्विंटल का लड्डू तैयार कराते हैं, कभी राजनीति के खेल में थोड़ी-सी बढ़त होते ही हर छोटा नेता अपने बड़े नेता के मुँह में लड्डू ठूँसता नज़र आता है। बड़ा नेता पूरा मुँह फैलाकर समूचे लड्डू का बीभत्स भक्षण करता है। उसकी तस्वीरें टी.वी. पर आती हैं, अख़बारों में छपती हैं। लड्डू अब एक मांगलिक चिह्न नहीं, राजनीति है।

बहरहाल, मैंने उनसे लड्डू का टुकड़ा लेकर मुँह में डालते हुए कहा, ''बधाई हो ! अब ख़ुशख़बरी सुना दीजिए।''

''दलबीर इन्टरमीडिएट पास हो गया है—फर्स्ट डिवीजन में। ख़ानदान का नाम रोशन कर दिया पट्ठे ने। नब्बे प्रतिशत अंक पाए हैं।''

दलबीर उनका बेटा है। मैंने समुचित ख़ुशी जाहिर की, कहा, ''पर दलबीर तो इन्टर की परीक्षा में शायद पिछले साल भी बैठा था।''

''आप ठीक कहते हैं,'' वे बोले, ''पर पिछले साल इन बदमाशों की साजिश से वह 'प्लक' कर गया था। इस साल उसने उन्हें मुँहतोड़ जवाब दे दिया है।''

''कौन हैं वे ?'' मैंने पूछा।

''इन परीक्षाओं को कन्ट्रोल करनेवाला माफ़िया ! सच तो यही है कि उन्हीं की वजह से दलबीर इन्टर में लगातार तीन साल फ़ेल होता रहा।''

यह सुनकर उसकी सफलता पर मैंने दोगुनी ख़ुशी जताई, उनके लिए चाय मँगाई। तब तक अख़बार आ गया था। उसके पहले पृष्ठ पर सरसरी नज़र भी डाली।

अब पता चला : उत्तर प्रदेश माध्यमिक शिक्षा परिषद की परीक्षा में इस साल 10.30 लाख छात्र बैठे, उनमें लगभग 89.50 प्रतिशत छात्र उत्तीर्ण हुए। परिषद के इतिहास में यह एक करिश्मा है। 1989 में प्रदेश की कल्याण सिंह सरकार ने नक़ल करने या दूसरे ग़लत तरीक़े अपनानेवालों के ख़िलाफ़ क़ानून द्वारा गिरफ़्तारी और जेल की सज़ा तक की व्यवस्था कर दी थी। उस साल सफलता का प्रतिशत लुढ़ककर बीस पर आ गया था।

बलबीर बाबू ने कहा, "वह काला क़ानून इन्हीं माफ़िया लोगों के इशारे पर बना था।"

"पर अब तो काले क़ानून और माफ़िया, दोनों का सफ़ाया हो गया," मैंने कहा।

उन्होंने आकाश की ओर देखकर हाथ जोड़ दिए।

सामने सड़क पर नाचते-गाते छात्रों का एक छोटा-सा जुलूस निकल रहा था। वे नारा लगा रहे थे : 'मुलायम सिंह ज़िन्दाबाद।'

मैंने कहा, "पास होने की ख़ुशी में ये लड़के अपने अध्यापकों को ज़िन्दाबाद क्यों नहीं कहते ? इनकी सफलता से मुख्यमन्त्री मुलायम सिंह यादव का क्या लेना-देना ?"

"सारा कमाल तो उन्हीं का है," वे बोले, "स्वकेन्द्र परीक्षा पद्धति तो उन्होंने ही लागू की है। पहले छात्रों को अपना कॉलेज छोड़कर किसी दूसरे केन्द्र पर परीक्षा देने जाना पड़ता था। वहाँ के अजनबी माहौल में और अनजाने, रूखे परीक्षा कक्ष निरीक्षकों के कारण छात्रों की प्रतिभा मुरझा जाती थी। इस साल अपने ही विद्यालय में परीक्षा केन्द्र होने से उन्हें जाना-बूझा वातावरण मिला, अपने सुपरिचित अध्यापक ही परीक्षा कक्ष निरीक्षक बने। इस सदाशयता के माहौल में छात्रों को अपनी प्रतिभा के प्रदर्शन का पूरा मौक़ा मिला। तभी..."

"प्रतिभा के प्रदर्शन से आपका क्या मतलब है ?" मैंने पूछा, "कहीं इसका तात्पर्य सामूहिक नक़ल तो नहीं है ?"

वे चिढ़ गए, बोले, "यह कहकर आप देश के सबसे बड़े शिक्षा संगठन का अपमान कर रहे हैं। देखिए, छात्रों की सर्वोच्च योग्यता सूची के इक्कीस स्थानों पर उनतालीस छात्र चुने गए हैं। उनमें तीन को छोड़कर बाकी सब कानपुर के एक कॉलेज के हैं। उसी तरह व्यावरायिक वर्ग में दस स्थानोंवाली मेरिट लिस्ट

में दस की दसों छात्राएँ गोरखपुर के एक गर्ल्स कॉलेज की हैं। यानी इतना बड़ा उत्तर प्रदेश और सारी मेरिट लिस्ट दो कॉलेजों से, या एक कॉलेज के दो कमरों के भीतर से ! सामूहिक नक़ल करवा के भी क्या ऐसा करिश्मा दिखाया जा सकता है ? हरगिज नहीं। इसे तो सचमुच ही छात्रों की असाधारण प्रतिभा का सामूहिक विस्फोट माना जाएगा।''

वे जाने को उठ खड़े हुए। मैंने सोचा, वे भी मुख्यमन्त्री ज़िन्दाबाद का नारा लगाएँगे, पर वे ज़्यादा संयमी निकले।

उसी शाम इस विषय पर बात करते हुए मैंने अपने एक मित्र से कहा, ''परीक्षाओं का ऐसा मखौल बना देने की जगह क्या यह ज़्यादा अच्छा न होगा कि परीक्षाएँ ही ख़त्म कर दी जाएँ ?''

वे बोले, ''यक़ीनन यही अच्छा होगा–ख़ासतौर से इन्टरमीडिएट के लिए, जो न इधर का है, न उधर का। पर परीक्षा का हाल भी मुम्बइया फ़िल्म इन्डस्ट्री में संगीत का सा है। फ़िल्मों में ज़्यादा नाच-गाने फिजूल और बेहूदा होते हैं, ऊपर से ज़बरदस्ती लादे जाते हैं। पर उनसे रोटी कमानेवाले हज़ारों में हैं। वे नाच-गाने के रिवाज में कभी ढील न आने देंगे। वैसे ही छात्रों की परीक्षा पर भी हज़ारों की रोज़ी-रोटी चलती है...नहीं, मैं दलालों और घूसखोरों की बात नहीं कर रहा, वे तो हैं ही। मेरा इशारा प्रश्नपत्र बनानेवालों, कक्ष निरीक्षकों, परीक्षकों, ट्यूशनख़ोरों, संगणकों आदि की उस फ़ौज की ओर है जो परीक्षाएँ ख़त्म हो जाने से अचानक अधमरी हो जाएगी।''

*[14.6.2004]*

# स्वरोज़गार के कुछ नए टिप्स

सड़क किनारे ढाबा था। ढाबे में डगमग मेज़ थी। उसके दोनों ओर बेंचों पर पाँच-छह नवयुवक खाने के इन्तज़ार में बैठे थे। पास की मेज़ पर मैं और मेरा दोस्त कुछ ठण्डा-ठण्डा पी रहे थे। परिदृश्य उत्तर प्रदेश का।

उनकी बातों से पता चला कि उनमें तीन लड़के तो इस साल इन्टरमीडिएट परीक्षा में नक़ल की बदौलत प्रथम श्रेणी पा चुके हैं; दो बी.ए. के छात्र हैं; एक एम.ए. कर चुका है, नगर-निगम में ठेकेदार है, छात्र नेता भी है, सत्तारूढ़ राजनीतिक पार्टी में है, हॉस्टल के तीन कमरों में रहता है यानी एक में ख़ुद रहता है, दो में उसकी दबंगई रहती है।

उनकी बातचीत का मुद्‌दा था : हमारी, यानी नवयुवकों की बेरोज़गारी कैसे दूर हो।

एक बी.ए. छात्र ने कहा, ''पिछले प्रधानमन्त्री ने एक करोड़ लोगों को काम देने का वादा किया। बेरोज़गारों को उनकी कविताओं के कैसेट-भर मिले, काम नहीं मिला।''

''पर अब लालू यादव रेलवे में चालीस हज़ार पदों पर भरती करानेवाले हैं,'' दूसरा बोला।

''पर हमें क्या ?'' किसी ने कहा, ''हम बिहार के तो हैं नहीं।''

''इस प्रदेश में भी तो वी.टी.सी. सर्टिफिकेटवालों को हज़ारों नौकरियाँ मिलेंगी,'' दूसरा बोला।

''पर हममें वी.टी.सी. कोई भी नहीं,'' तीसरा इन्टर पास बोला, ''दरअसल अब हमें नौकरियों का भरोसा नहीं। हमें सेल्फ़ एम्प्लायमेंट या स्वरोज़गार अपनाना चाहिए।''

छात्र नेता-रूपी ठेकेदार ने कहा, ''सभी निकम्मे नेता यही कहते हैं। जब हमारे लिए कुछ नहीं कर पाए तो सारी ज़िम्मेदारी हमीं पर ठोक दी। जाओ,

नौकरी करना है तो अपनी नौकरी करो। इधर न हमारी कोई ट्रेनिंग, न ही कोई पूँजी...''

निराशा की इस घड़ी में तीसरा इन्टर पास बोला, ''फिर भी ऐसे कई काम हैं जिनके लिए न ट्रेनिंग ज़रूरी है, न पूँजी। इस साल इन्टर में मेरे...तय नहीं कि उन्हें उच्चतर कक्षा में प्रवेश मिलेगा ही। हर हालत में बहुतों को रोज़गार खोजना होगा। इसके मैंने चार-छह रास्ते खोजे हैं। उनमें पूँजी नहीं, सिर्फ़ थोड़ी हेकड़ी और दमखम चाहिए।''

''जैसे ?'' किसी ने पूछा।

''जैसे,'' जवाब मिला, ''नौकरियों में भरती के लिए घूसखोरों की दलाली; ख़ासतौर से हम राज्यों के पब्लिक सर्विस कमीशन के चेयरमैन और मेम्बरों के दलालों के दलाल बन सकते हैं। सुना है, एक चेयरमैन पी.सी.एस. में भरती के लिए तीन लाख लेते थे, ऊपर से उनका वादा रहता था कि अगर काम न हुआ तो सवा दो लाख वापस कर देंगे। बाकी रुपया पहले ही नीचेवालों पर ख़र्च हो जाता था। दो-ढाई सौ ग्राहक लाने के लिए उनके दलाल को भी नायब दलालों की ज़रूरत थी। मेरा एक दोस्त इसी खेल में नायब दलाल बन गया। चेयरमैन ने सौ में तीन-चार को छोड़कर, जो अपने-आप कामयाब हो गए, सबका पैसा पचहत्तर हज़ार रुपए प्रति उम्मीदवार की दर से दबाकर वापस कर दिया। कमाल की ईमानदारी। इसमें मेरे दोस्त को जितनी सालाना रक़म मिलती थी, वह सरकार के किसी संयुक्त सचिव के वेतन से कम न थी। वह भी इनकम टैक्स फ्री। सभी भरतीवाले दफ़्तरों में ऐसा काम हमें आज भी मिल सकता है।''

बी.ए. का एक छात्र बोला, ''एक नया आइडिया ! यहाँ मेडिकल कॉलेजों में एक गिरोह है जो अन्दरूनी परीक्षाओं में फिसड्डी छात्रों के नम्बर बढ़वाता है। ज़्यादातर प्रोफ़ेसर घूस नहीं लेते। इसलिए उन्हें रक़म देकर नहीं, तमंचा दिखाकर नम्बर बढ़वाए जाते हैं। इसमें ज़्यादा जोखिम नहीं है, ज़्यादातर प्रोफ़ेसर बुज़दिल होते हैं। एक प्रोफ़ेसर तो घबराकर पिछले महीने मुम्बई भाग गया है।''

''वैसे चिट फंड भी बुरा नहीं। एक जाली कम्पनी बनाओ, दूरदराज के गाँवों में किसानों को दो साल में दूनी रक़म लौटाने का लालच दो, उनसे कोई छोटी रक़म जमा कराओ, फिर उसे डकार जाओ। उस छोटी रक़म के लिए किसान कहाँ तक दौड़-धूप करेगा ? आज कुछ लोग इसी तरह देखते-देखते करोड़पति बन गए हैं।''

''और चेन-स्नैचिंग ? सिर्फ़ एक मोटर साइकिल चाहिए,'' ठेकेदार बोला, ''दो-दो के जत्थों में सड़क पर निकलो और महिलाओं के गले से सोने की चेन

खींचकर हवा हो जाओ। उन्हें गले में ज़ंजीर की गुलामी से छुटकारा मिलेगा। नारी मुक्ति मोर्चा तुम्हारा एहसान मानेगा।"

एक लड़के ने टोका, "ये रास्ते तो बाहुबलियों के हैं। मुझ जैसे बुज़दिल क्या करेंगे ?"

अचानक मेरे दोस्त हस्तक्षेप करते हुए बोले, "सुनिए। उनके लिए दो योजनाएँ तो मैं तुरन्त बता सकता हूँ। एक : पहले तेज़ दौड़ने की प्रैक्टिस कीजिए, फिर अच्छी रक़म ऐंठकर किसी कमज़ोर छात्र की जगह उसके लिए परीक्षा में बैठ जाइए। उत्तर लिखते समय जैसे ही पोल खुलने का ख़तरा दिखे, आप बगटुट भाग लीजिए। उसके तुरन्त बाद असली उम्मीदवार मुँह पोंछता हुआ अपनी सीट पर आ जाए। जैसे वही था जो भागकर अभी मूत्रालय की ओर गया था।

"दूसरा : इसमें दौड़ने की भी ज़रूरत नहीं। आप देश के भावी राजनीतिक सितारे राहुल गांधी की युवा ब्रिगेड में शामिल होकर दिन-रात उनकी जय-जयकार कीजिए। उनके चाचा जी के लिए इस तरह धूम मचानेवाले लाखों की तादाद में थे। अब आपके लिए भी वैसा ही मौक़ा आया है।"

एक इन्टर पास ने पूछा, "पर उसमें मिलेगा क्या ? खाएँगे क्या ?"

दोस्त बोले, "यह उन्हीं से पूछिए। मुझे सिर्फ़ इतना मालूम है कि उनके चाचा जी की ब्रिगेड में सभी चिकने-चुपड़े, लकदक दिखते थे। कभी कोई भूखा तो दिखा नहीं।"

*[28.6.2004]*

# कुल्हड़ बनाम कुल्हड़वाद

"आपको आख़िर कुल्हड़ से एतराज़ क्या है ?" मैंने पूछा।

मित्र बोले, "एतराज़ कुल्हड़ से नहीं, कुल्हड़वाद से है।"

रेलयात्रियों को सभी पेय प्लास्टिक या थर्मोकोल के गिलास में नहीं बल्कि कुल्हड़ में दिए जाएँ–रेलमन्त्री महोदय के इस फरमान पर हम बहस कर रहे थे।

मैंने पूछा, "कुल्हड़वाद से आपका मतलब ?"

"कुल्हड़वाद एक मानसिकता का नाम है जो कुल्हड़ को कुल्हड़ नहीं, एक प्रतीक मानकर गँवई-गाँव की जेहनियत को आधुनिक जीवन शैली पर तरजीह देती है," वे बोले, "कुल्हड़वादी 'इसके साथ वह भी' के समन्वयवादी सिद्धान्त को छोड़कर फ्रूटी के साथ नहीं, फ्रूटी की जगह मट्ठा पिलाने की सोचता है। यानी, उसके अनुसार अगर हमारे गुरखा सिपाही के पास खुखरी है तो वही काफ़ी है, उसे अपने साथ कोई आधुनिक हथियार रखना ज़रूरी नहीं है।"

वे कहते रहे, "वैसे कुल्हड़ का इस्तेमाल पहले से ही होता रहा है, शताब्दी ट्रेनों में मीठा दही कुल्हड़ में ही मिलता है। यानी गिलास भी रहे और कुल्हड़ भी–जैसे चिदम्बरम हैं और वहाँ साथ-साथ लालू भी हैं। यह तो ठीक नहीं कि आप बिस्कुट खाना चाहें और आपके हाथ में सत्तू पकड़ा दिया जाए। दरअसल, जड़ों की ओर वापस लौटने की ऐसी कोशिश अच्छे-अच्छों को जड़ बना देती है।"

मैंने कहा, "यह हुआ न बात का बतंगड़ बनाना ! देखिए, रेलमन्त्री का सीधा मकसद है कुम्हारों को रोज़गार देना, प्लास्टिक युग ने मिट्टी के बरतनों के गृह उद्योग को चौपट कर दिया है, उसमें नई जान फूँकना। क्या यह ग़लत बात है ?"

"हरगिज नहीं," *कौन बनेगा करोड़पति* के अमिताभ बच्चनवाले अन्दाज

में वे बोले, पर वहीं एक 'मगर' जोड़ दिया, "मगर कुम्हारों की नई पीढ़ी क्या सोचती है—शहर में रिक्शा चलाना और शाम को *गर्लफ्रेंड* देखना, और कुछ पढ़े-लिखे हुए तो लम्बा कुरता पहनकर राजद या इस-उस पार्टी के ज़मीनी कार्यकर्ता बन जाना, या लँगोटी बाँधकर चाक चलाना और मिट्टी के लिए गाँव के दबंगों से लड़कर अपनी मिट्टी पलीद करना ? आप जानते ही हैं कि कुम्हार जहाँ से अपने काम लायक मिट्टी लेते थे, उन जगहों पर गाँव के दबंगों का कब्ज़ा हो गया है, शहरों के पास ख़ाली ज़मीन पर आलीशान नई कॉलोनियाँ बन गई हैं, मिट्टी लुट चुकी है, कुल्हड़ फूट चुका है।"

मैंने कहा, "इस सबका इलाज है। हम कुम्हारों के लिए सहकारी समितियाँ बनाएँगे, मिट्टी दिलाने के लिए जिला मजिस्ट्रेटों को हुक्म जारी कराएँगे, बहुत-से ग़ैरसरकारी संगठन हैं जो उन्हें मिट्टी तो दिलाएँगे ही, बरतनों के लिए गीली मिट्टी तैयार करने की मशीनें भी देंगे, उन्हें नई तकनीकों की ट्रेनिंग देंगे, कुम्हारों को आर्थिक सहायता भी देंगे..."

वे बोले, "और ख़ुद सरकार से अपने लिए उससे दूनी आर्थिक सहायता लेंगे ! छोड़िए भी, शुभचिन्तक बने अफ़सरों, प्राइवेट सेक्टर के दलालों और बिचौलियों के ये खेल मैं बुनकरों आदि की समितियों में बहुत पहले देख चुका हूँ।

"मान भी जाइए भाई साहब, ग्राम-स्वराज का सपना अब आदिम युग की चीज़ बन गया है। ऐसे टोटकों से अब प्लास्टिक युग की बढ़त को रोका नहीं जा सकता। वैसे, कुल्हड़ के यथार्थ को प्रतीक में बदलते हुए कवि हरिवंश राय बच्चन ने उसे साठ-पैंसठ साल पहले ही तोड़ दिया था जब उन्होंने *मिट्टी का तन, मस्ती का मन, क्षण भर जीवन : मेरा परिचय* जैसी कविता लिखी थी। अभी '*चाक*', '*आवाँ*' जैसे उपन्यास भी आए हैं, जहाँ चाक चाक नहीं है, आवाँ आवाँ नहीं है, वे प्रतीक भर हैं। यथार्थ को प्रतीक में बदलना उसे दफ़नाने जैसा ही है।"

मैंने कहा, "इस वक्त आपकी रेलगाड़ी नकारात्मक पटरी पर दौड़ रही है।"

"तो लीजिए, सकारात्मक पटरी पर लौट आया," उन्होंने कहा, "अब रेलवे में बन्द पानी की बोतलों पर रोक लगवा दीजिए, सिर्फ़ सुराहियाँ रहें। आप ए.सी. फर्स्ट क्लास में चलिए और सत्तू फाँकते, मट्ठा गटकते, सुराही का पानी पीते हुए ठाठ से यात्रा कीजिए। और यही क्यों, हवाई यात्रा में भी कुल्हड़ और सुराही चलाइए। प्लास्टिक की ट्रे और कटोरियों की जगह पत्तल और दोने का चलन कीजिए। इससे गाँवों में कुम्हार के साथ बारी नामक जाति का भी उद्धार

होगा। यह और बात है कि यात्रा ख़त्म होने पर हमारा यात्री अपने चारों ओर बिखरे टूटे-फूटे कुल्हड़ों, सुराहियों और पत्तलों के बीच एक सांस्कृतिक योद्धा जैसा खड़ा दीख पड़ेगा।"

"उसकी फ़िक्र न कीजिए," मैंने कहा, "पॉलीथिन के मुकाबले फिर भी कम गन्दगी होगी। वैसे, हमारे रेलमन्त्री ख़ुद सफाई पर कितना जोर दे रहे हैं, देखिए !"

वे बोले, "देख चुका हूँ। अख़बार में वह फ़ोटो भी देखी थी : रेलवे के कई बड़े अफ़सर हाथ में झाड़ू लिए खड़े हैं, पर वे हिन्दुस्तानी मुसाफ़िर की कूड़ा उत्पादन और गन्दगी प्रसारण की क्षमता को नहीं जानते। अन्त में फतह उन्हीं की होगी। हाँ, उन पर क़ाबू तब पाया जा सकता है जब हर मुसाफ़िर के पीछे एक अदद सफ़ाईकर्मी तैनात हो, यानी एक अरब आबादी के देश में पचास करोड़ मुसाफ़िरों के लिए बाक़ी पचास करोड़ सफ़ाईकर्मी बना दिए जाएँ और कभी यह उम्मीद न की जाए कि मुसाफिर ख़ुद भी कभी अपने आसपास की सफ़ाई की फ़िक्र करेगा..."

'आपकी रेलगाड़ी फिर नकारात्मक पटरी पर दौड़ रही है,' मैंने सोचा, पर कहा नहीं; कहना फिजूल था।

*[12.7.2004]*

# एन्काउंटर के पीछे क्या है

क़रीब एक महीना पहले यानी 15 जून को ब्रह्ममुहूर्त में अहमदाबाद के पास जो चार संदिग्ध लोग पुलिस की गोली के शिकार हुए थे, वे पुलिस की निगाह में असंदिग्ध रूप से आतंकवादी थे; उनमें से कम-से-कम दो पाकिस्तानी थे। वे किसी आत्मघाती दस्ते के सदस्य थे, जिनके जीने-मरने का मकसद वहाँ के मुख्यमन्त्री की हत्या करना था। पुलिस कार्रवाई को हिन्दी में 'मुठभेड़' न कहकर मैं अंग्रेजी में 'एन्काउंटर' बता रहा हूँ क्योंकि मुठभेड़ में दोतरफा गोलियों के आदान-प्रदान की ध्वनि आती है जबकि यहाँ तय नहीं कि उधर से पुलिस पर भी कोई गोली चली या नहीं। पुलिस को यक़ीनन कुछ ख़ुफिया जानकारी थी, जो हुआ, एकतरफ़ा हुआ; पुलिस ने उन्हें ललकारा, उन पर गोलियाँ चलाईं, उनका ख़ात्मा किया; फिर इतमीनान से जाँच शुरू की कि उनका शुभ नाम क्या है, वे कौन हैं, कहाँ से आए हैं, क्या करते हैं, आदि-आदि। यह नहीं पूछा कि क्या करनेवाले हैं; पुलिस को यह पहले से ही मालूम था।

हमारे दोस्त अपनी नीले रंग की इंडिका कार से जयपुर से द्वारिका और सोमनाथ की यात्रा पर जानेवाले थे। इत्तफाक देखिए कि जिनका एन्काउंटर हुआ, वे भी एक नीली इंडिका पर सवार थे, यानी साबित हुआ कि आतंकवादी नीले रंग की इंडिका पर चलते हैं। उनका भी एन्काउंटर न हो जाए, इस डर से मित्र ने यात्रा का विचार छोड़ दिया, पर मन की खीज नहीं छूटी। तभी इतनी देर से वे पुलिस के ख़िलाफ़ और मानवाधिकारों के हक़ में बकझक कर रहे थे।

कुछ थमकर बोले, "एक क़िस्सा सुनाऊँ। यह कलकत्ते की घटना है। तब उसका नाम कोलकाता नहीं हुआ था। वहाँ चौरंगी पर मैं सड़क के किनारे खड़ा था। सामने कुछ लोग बीच सड़क पर एक आदमी को पीट रहे थे। अच्छी-खासी भीड़ जमा हो गई थी। तभी एक कार सामने आकर रुकी। सूट-बूट में एक भद्र

पुरुष उससे उतरे, उन्होंने भीड़ पर सरसरी नज़र डाली, फिर लम्बे डग बढ़ाते हुए घटनास्थल पर पहुँचे। वे भीड़ को चीरकर अन्दर घुसे। ज़मीन पर गिरा हुआ जो आदमी पिट रहा था, उसे उन्होंने भी एक ठोकर मारी; फिर निर्विकार भाव से उसी तरह कार तक वापस आ गए; मुझे देखा, पूछा 'सर, आप बता सकते हैं कि ये लोग उस आदमी को क्यों पीट रहे हैं ?' ''

मैं हँस पड़ा। दोस्त बोले, ''यह कोई हँसने की बात नहीं है। गुजरात की पुलिस के भी दिखावटी भोलेपन का यही हाल है। मारते वे पहले हैं, पूछताछ बाद में करते हैं। वे जानते हैं कि एन्काउंटर में अगर हिन्दू मरा तो डकैत होगा, मुसलमान मरा तो आतंकवादी होगा।''

मैंने कहा, ''अब मेरा क़िस्सा सुनिए, 'डकैत' को लेकर। एक पुलिस इंस्पेक्टर मेरे मित्र हैं। एन्काउंटरों के एक्सपर्ट माने जाते हैं। कुछ साल पहले उन्होंने एक डाकू का एन्काउंटर किया, चारों ओर शोर मचा कि रघुबीर मारा गया, रघुबीर मारा गया। हमारे मित्र का जलवा रोशन हुआ, तारीफ़ें हुईं, तमगे मिले। लेकिन दो साल बाद ही पड़ोस के ज़िले में पुलिस ने रघुबीर को जि .न्दा पकड़ लिया। इससे हमारे मित्र को कोई बेचैनी नहीं हुई। कुछ पूछताछ हुई, सबने मान लिया कि ग़लत शिनाख़्त हुई थी।''

मैंने पूछा, ''तब जो मारा गया वह कौन था ?''

मित्र बोले, ''जब उसे मारा है तो डकैत ही होगा। लापता हिस्ट्रीशीटर।''

''जो मारा गया, उसके घरवालों को ज़्यादा सवाल नहीं उठाने चाहिए; नहीं तो उस पर वे तारकोल का ड्रम खाली कर देंगे,'' दोस्त बोले, ''यही देखिए, ठाणे ज़िले में मुंब्रा की इशरत जहाँ नाम की वह लड़की–खालसा कॉलेज की छात्रा। उसकी मौत के बाद उसके घरवालों, सहपाठियों और यहाँ तक कि मुम्बई पुलिस ने भी कहा कि उसके ख़िलाफ़ कोई आपराधिक लफड़ा नहीं है, लश्करे तोएबा से उसका कोई लेना-देना नहीं। इस पर गुजरात पुलिस ने जावेद शेख से उसके सम्बन्धों की बात उठा दी और इशरत की छवि सफ़ेद से स्याह हो गई। जावेद भी चार मृतकों में शामिल है। फिर जब इशरत की माँ और जावेद के बाप ने अपनी सन्तानों को निर्दोष बताते हुए सी.बी.आई. जाँच की माँग की तो पुलिस ने जावेद और एक पाकिस्तानी आतंकवादी के सम्पर्क में इशरत के लखनऊ और फैजाबाद-अयोध्या जाने की बात उछाल दी और इशरत की स्याह छवि पर इस बार पूरा तारकोल पुत गया। अब अगर इशरत-समर्थकों ने चूँ भी की तो वे कहेंगे कि 'लश्करे तोएबा की वही तो मुख्य संचालक रही है; इसका हमारे पास पक्का सबूत है।' ''

वे ख़ामोश हो गए। उन्हें उकसाने के लिए मैंने कहा, ''ऐसा चलन है कि एन्काउंटर के बाद मृत आतंकवादी अपनी डायरियाँ पुलिस के लिए छोड़ जाते हैं। यहाँ की क्या हालत है ?''

वे ख़ामोश रहे। मैंने सोचा : सच-झूठ तो अल्लाह जाने, पर हम तो यही समझें कि पुलिस एन्काउंटर में हिन्दू मरा तो वह डकैत, मुसलमान तो आतंकवादी; ख़ुद पुलिसमैन मरा तो वह शहीद हुआ–भले ही जुए की रक़म बाँटने के झगड़े में उसी के साथियों ने उसे मार दिया हो।

*[26.7.2004]*

# एक वरिष्ठ लेखक का रोज़नामचा

वरिष्ठ यानी बूढ़ा। टूटे नख-रद केहरी, जिसे हिन्दी साहित्य में 'चुका हुआ' कहने का चलन है। जैसे मैं। सवेरे की डाक में जो पहली पत्रिका मेरे हाथ लगी, उसमें मेरे लिए यही संदेश है। उसमें मेरी किसी किताब की समीक्षा थी। दरअसल वह किताब की नहीं, मेरी समीक्षा है। उसमें हैरत जाहिर की गई है कि पूरी तौर से चुक जाने के बावजूद मैं लिख क्यों रहा हूँ। लगता है कि समीक्षक लेखन-क्षमता को बुढ़ापे के दाँत समझता है, जिनको टूटना तो है ही। पढ़कर मुझे राहत मिली। लो, अब तुम चुक गए। तुम्हें अब लिखने की जहमत नहीं उठानी। पुरानी शोहरत पर ऐश करो।

डाक में एक नाराज़गी-भरा ख़त भी है। गोमय क्षेत्र यानी गोबरपट्टी के किसी एक विश्वविद्यालय में कुछ महीने कुलपति रह चुके किसी एक हास्य लेखक का पत्र। उन्होंने शायद अपने निबन्धों का कोई संग्रह कभी मेरे पास भेजा था। मेरा उत्तर न पाकर वे लिखते हैं कि मैं अशिष्ट हूँ, असभ्य हूँ।

'आप शायद अपने को हरिशंकर परसाई और रवीन्द्रनाथ त्यागी से भी बड़ा मानते हैं,' वे लिखते हैं, 'उन्होंने मेरी कृति पर तत्काल अपनी सम्मति भेजी। अगर आपको मेरी किताब की प्राप्ति भी स्वीकार नहीं करनी थी तो आपने उसकी रजिस्ट्री ही क्यों छुड़ाई ?'

मैं तुरन्त जवाब लिखता हूँ, 'आपको यह हक़ किसने दिया कि अपनी किताब मेरी खोपड़ी पर लादकर आप मेरी निजी ज़िन्दगी में हस्तक्षेप करें ? एक तो यह बुनियादी बदतमीज़ी, ऊपर से यह चिट्ठी !' खत लिखता हूँ। फिर उसे फाड़ देता हूँ। उसे कोई जवाब नहीं भेजना है। उसकी यही सज़ा है।

फ़ोन। एक साहित्यकार, जो किसी लघु पत्रिका के सम्पादक की मार्फ़त अपने लिए शायद लेखन की दुनिया में सुरंग लगाना चाहते हैं, कह रहे हैं, ''हमने सर, एक त्रैमासिक पत्रिका निकाली है। उसका लोकार्पण आपके हाथों कराना है।

कृपा करके अमुक तिथि को अमुक बजे अमुक सभागार में पधारने का कष्ट करने की कृपा करें।''

मैं पूछता हूँ, ''आपको यह कैसे मालूम हुआ कि मैं लेखक हूँ ? क्या आपने मेरी कोई किताब पढ़ी है ?''

''जी, पढ़ी तो नहीं। आप अपनी कोई किताब भेजने का कष्ट करने की कृपा...''

मैं कहता हूँ, ''भाई, खेद है। मैं लोकार्पण का कारोबार नहीं करता।'' मैं उसे साहित्य-प्रेमी आइ.ए.एस. अफ़सर का नाम सुझाता हूँ, जो पुस्तकों का लोकार्पण करते रहते हैं।

वह कहता है, ''किन्तु सर, हमें तो आप जैसे अग्रज के 'आसिरबाद' की ज़रूरत है।'' वह अधिकांश मंचीय कवियों की तरह 'आशीर्वाद' को 'आसिरबाद' कहता है, ''हमें प्रोत्साहन देना आप जैसे वरिष्ठों का कर्तव्य है।''

फ़ोन रखने के पहले मैं कहता हूँ, ''भाई, आप युवा हैं, तन-मन से स्वस्थ हैं। आपको प्रोत्साहन की क्या ज़रूरत है, प्रोत्साहन तो मुझे चाहिए, जो चुक गया है !''

मेरे नहाने का समय हो गया था। परन्तु तभी एक विख्यात परन्तु घटिया कवि आ गए, आते ही बोले, ''सुना है कि आप पहले से समय तय किए बिना मिलते नहीं हैं; लेकिन एक ज़रूरी काम से तुरन्त आना पड़ा।''

मैंने कहा, ''स्वागत है।'' वे कवि सम्मेलनों में यह लघु वाक्य सुनने के आदी हैं क्योंकि यह मुशायरों के 'इरशाद' का प्रचलित हिन्दी रूप है।

वे बोले, ''साहित्य संस्थान इस वर्ष मुझे दो लाख रुपए का छज्जूमल पुरस्कार देने को तैयार बैठा है। सिर्फ़ आपकी संस्तुति का इन्तज़ार है। अध्यक्ष के पी.ए. ने मुझे बताया है कि आपकी संस्तुति पर ही सब कुछ निर्भर है।''

मैं कहता हूँ, ''आप तो कवि हैं, संस्तुति किसी बड़े कवि की होनी चाहिए, मैं तो गद्य लेखक हूँ।''

''तो आप ही किसी बड़े कवि का नाम बताइए,'' वे बोले।

मैंने कहा, ''जैसे श्री कुँवर नारायण।''

''पर कुँवर साहब तक पहुँचना कठिन है। वे तो अमेरिका में होंगे।''

''आप शायद कुँवर चन्द्रप्रकाश सिंह की बात कर रहे हैं,'' मैंने कहा, ''वे दिवंगत हो चुके हैं।''

''हाँ-हाँ, वही कुँवर साहब !'' वे बोले, ''और ये कुँवर नारायण कौन हैं ?''

बड़ी मुश्किल से अपने पर क़ाबू पाया; न उनका माथा फोड़ा, न अपना।

सवेरे की डाक में दो-तीन रजिस्टर जैसे थे। निश्चय ही ये कुछ ग्रन्थों की पांडुलिपियाँ होंगी जिन्हें लेखकों ने अग्रज के 'आसिरबाद' के लिए भेजा है। यक़ीनन मैं इन्हें बिना पढ़े हुए इस छपे हुए वाक्य के साथ लौटा दूँगा, 'मेरी सलाह है कि मेरी सलाह न लें—वह भरोसे लायक नहीं है।'

निराला को भी इस 'आसिरबाद' के लिए घेरा जाता रहा है। 'मास्को डायलॉग्स' नामक कविता इसका प्रमाण है। उसकी अन्तिम पंक्तियाँ देखिए :

*...उपन्यास लिखा है,*<br>
*ज़रा देख दीजिए,*<br>
*अगर कहीं छप जाए*<br>
*तो प्रभाव पड़ जाए उल्लू के पट्ठों पर*<br>
*मनमाना रुपिया फिर ले दूँ इन लोगों से :*<br>
*देखा उपन्यास मैंने,*<br>
*श्रीगणेश में मिला*<br>
*'पृय असनेहमयी स्यामा मुझे प्रैम है।'*

*[9.8.2004]*

# सूखा ज़्यादा अच्छा या बाढ़

रिटायर होने के पहले दोनों मँझोली हैसियत के हाकिम थे। आज भी वे अपनी हर बात 'हमारे ज़माने में तो ऐसा होता था' से शुरू करते हैं। इस समय दोनों इस पर बहस कर रहे थे कि सूखा ज़्यादा अच्छा है या बाढ़।

पहला कह रहा था, ''पब्लिक के बारे में तो मैं जानता नहीं, पहले भी बहुत कम जानता था और अब बचा-खुचा रिश्ता भी टूट चुका है, पर सरकारी मुलाजिमों के नज़रिये से मैं बेहिचक कह सकता हूँ कि बाढ़ को सूखे पर तरजीह दी जानी चाहिए। एक हफ़्ते की ज़ोरदार बाढ़ में राहत के लिए जितने करोड़ के वारे-न्यारे हो जाते हैं, उतने एक साल तक चलनेवाले सूखे की राहत में कहाँ ?''

''मगर साहब,'' दूसरा बोला, ''सूखे की बात ही और है ! माना, इसमें बाढ़ के पानी की तरह रुपए का अचानक सैलाब नहीं आता, पर सूखे की राहत का काम ज़्यादा लम्बा खिंचता है, बरसों चल सकता है; उसमें रुपया ख़र्च करने और ख़ुद के लिए खींचने की वैसी आपाधापी नहीं रहती। दिन-रात की वैसी भागदौड़ भी नहीं होती। ज़्यादातर सारा काम दिन में शुरू होकर दिन में ही ख़त्म हो जाता है। यहाँ आप जनता की सेवा के साथ अपने फ़ायदे का काम ज़्यादा होशियारी और दूरंदेशी से कर सकते हैं ताकि पकड़ में आने का ख़तरा न रहे; बाढ़ में कमाने की धुन में दूरंदेशी की गुंजाइश नहीं रहती।''

मैंने कहा, ''आप बुजुर्ग हैं, अफ़सोस है कि आप सूखा और बाढ़ जैसी विपत्तियों पर इतनी छिछली बातें कर रहे हैं। मैं आपकी भर्त्सना करता हूँ।''

'भर्त्सना' जैसे कठिन शब्द पर पहले ने और भी कठिन हिन्दी में कहा, ''ये छिछली बातें नहीं हैं, शासन तन्त्र में भ्रष्टता, घूस तथा कमीशनखोरी एक दुर्निवार सामयिक यथार्थ है और सूखा तथा बाढ़–दोनों ही आज की ऐसी भयावह सामयिक समस्याएँ हैं जिनकी चुटिया इस यथार्थ की पकड़ में है। हम उन्हीं की चर्चा कर रहे थे। न भूलें कि अपने ज़माने में हमने भी सूखा राहत के बड़े-बड़े

अभियान चलाए हैं : कुओं और तालाबों की मरम्मत, हैंडपम्पों का प्रबन्ध, युद्धस्तर पर ट्यूबवेलों की स्थापना–क्या नहीं किया हमने !''

दूसरा बोला, ''ये बेवकूफ़ी की बातें हैं।''

पहला बोला, ''तो आप होशियारी की बात करें।''

दूसरा बोला, ''मैं बरसों ये सरकारी खेल देख चुका हूँ। जब सावन का महीना भी सूखा निकल गया हो, खरीफ़ की फ़सल जल चुकी हो, धरती सूख चुकी हो, दरारें पड़ गई हों, तब सरकार को हैंडपम्पों और ट्यूबवेलों की याद आती है। वही बेवकूफ़ी कि जब घर में आग लगे तब कुआँ खोदना शुरू करें। दरअसल, ये सब तो बहुत पहले होना चाहिए। पर जब सूखे का दानव सचमुच सामने खड़ा होकर हमें घूरने लगे, तब प्राचीन अनुष्ठानों को छोड़ हमारे लिए कोई सहारा नहीं रह जाता।''

''कैसे अनुष्ठान ?'' मैंने चौंककर पूछा।

दूसरे ने डकार ली, जिससे 'ओउम्' जैसी आवाज़ हुई। वह अब इतमीनान से था; उसके सामने दो श्रोता थे; बोला ''यज्ञ। यज्ञ करो। उसी से पर्जन्य उमड़ेंगे–पर्जन्य यानी बादल; वरुण-जप करो, शान्तिकुंज के प्रज्ञा अभियान का आश्रय लो। जहाँ मानवी शक्ति क्षीण हो रही हो, वहाँ दैवी शक्ति का सहारा लो।''

मैंने कहा, ''आठ-दस दिन ही तो हुए, राजस्थान विधानसभा में ऐसी ही बातें बकने पर वहाँ के राहतमन्त्री को विपक्ष ने फटकार लगाई थी। मन्त्री बता रहा था कि राजस्थान में सूखे से राहत पाने के लिए स्थान-स्थान पर पूजा-अर्चना चल रही है, यज्ञ हो रहे हैं। तभी विपक्ष ने कहा कि हम राहत कार्य का विवरण माँग रहे हैं और मिनिस्टर किसी पोंगा पण्डित की तरह बोल रहा है। क्षमा करें, इस वक्त आप भी वैसे ही...''

दूसरे ने उसकी बात काटकर कहा, ''आप अख़बार नहीं पढ़ते क्या ? इसी पहली अगस्त को राजस्थान में धुआँधार बारिश हुई कि नहीं ? यह वहाँ की पूजा-अर्चना और यज्ञों का ही फल था ! उस रात सूखाग्रस्त दिल्ली तक में पानी बरसा ! क्यों ? पहले क्यों नहीं बरसा और अब क्यों बरसा ? इसलिए न कि धार्मिक अनुष्ठान हुए ? कि ग़ाज़ियाबाद आदि के क्षेत्रों में पूरे विधि-विधान से यज्ञ रचाए गए ? दिल्ली के दक्षिण भारत समाज ने तो आठ घंटे तक 'वरुणजपम्' कराया; ग़ाज़ियाबाद के नगर-निगम में महापौर और नगर आयुक्त की उपस्थिति में विधिवत् यज्ञ हुआ। क्या समझते हैं आप ?''

मैंने कहा, ''इन्द्र की उपासना भी हुई होगी ?''

दूसरा बोला, ''हाँ, सुना है। गढ़मुक्तेश्वर के पास एक गाँव में स्त्रियों ने

सारे कपड़े उतारकर खेतों में हल चलाया। यह इन्द्र की उपासना ही थी। इन्द्र नग्नता से प्रसन्न होते हैं।''

पहले ने ऊबी आवाज़ में कहा, ''मान गए श्रीमान्। सूखे से बचने के लिए पहले से कुओं, नहरों आदि की मरम्मत बेकार है। सब कुछ इन्द्र-वरुण के जप-तप और यज्ञ पर निर्भर है, पर बताएँ, ऐसा मध्ययुग में क्यों हुआ कि देश के कई भागों में, ख़ास तौर से दक्षिण में कई बार भीषण अकाल पड़े और लाखों लोग मरे ? तब हमें यज्ञों ने क्यों नहीं बचाया ?''

वे बोले, ''आप नास्तिक हैं; पर जान लीजिए कि लाख दैवी कृपा हो, पूर्वजन्मों का कर्मफल हमें भुगतना ही पड़ेगा।''

बहुत ख़ूब ! मैंने सोचा : हम लोग अब असली भारतीय तर्क-परम्परा की दलदल में पैठ रहे हैं।

*[23.8.2004]*

# कुर्सी कहीं, काम कहीं

अपने एक दोस्त अख़बारों के शौक़ीन हैं। आते ही किसी देसी अख़बार में छपी 'गार्जियन' की एक टिप्पणी के हवाले से बोले, "आज मेरे शब्दकोश में दो शब्दों का इजाफ़ा हुआ : सनलाइटर और मूनलाइटर !"

"अर्थात् ?" मैंने पूछा।

"सनलाइटर, यानी वह शख्स जो नियमित रूप से नौकरी या कोई दूसरा पेशा करता है और बचे समय में अपनी तबीयत का कोई दूसरा पेशा भी अपना लेता है..."

"जैसे कविता ?" मैंने कहा।

वे बोले, "मैं पेशे की बात कर रहा हूँ। शौक़ या झक की नहीं।"

मैंने कहा, "कविता भी पेशा हो सकती है, जैसे आइ.ए.एस. अफ़सर सीताकान्त महापात्र, अशोक वाजपेयी या रमाकान्त रथ या प्रो. केदारनाथ सिंह। सैकड़ों नाम हैं !"

"ठीक है ! ठीक है !" वे बोले, "पर पहले सनलाइटर को समझ लें। वह एक साथ कई लोगों का काम निबटानेवाला ठेकेदार नहीं है; उसका एक पेशा है, और बचे समय में वह अपनी रुचि का दूसरा काम भी करता है, सिर्फ़ पैसे के लिए नहीं, हालाँकि उसमें पैसा भी है।"

"और मूनलाइटर ?" मैंने पूछा।

"वह सनलाइटर से अलग है," दोस्त बोले, "वह अपने मुख्य काम के अलावा दूसरे काम भी हाथ में ले सकता है, पैसे कमाने के लिए।"

"तो सनलाइटर ज़्यादा बड़ी चीज़ हुआ !" मैंने कहा।

मित्र बोले, "हुआ ही ! अख़बार में एक लेडी का नाम दिया है–सुश्री सारा रिले ! वे लन्दन की किसी बड़ी कम्पनी में मार्केटिंग कंसल्टेंट हैं। पूरा दिन मीटिंगें करते, फ़ोन सुनते, योजनाएँ बनाते, उनकी प्रगति नापते बीतता है। उसके बाद

वे बुधवार की शाम अपनी पसन्द के छोटे क़स्बे में चली जाती हैं और वहाँ एक सैलून में नाई का काम करती हैं। उन्हें इस काम से बड़ा लगाव है। नाई के पेशे का वे अभी प्रशिक्षण ले रही हैं। इस तरह वे दो पेशे अपनाकर ज़िन्दगी में ज़्यादा सार्थकता महसूस करती हैं।''

दोस्त चालू रहे, ''पश्चिमी देशों में, दरअसल, सनलाइटर्स का समुदाय बढ़ता जा रहा है। ब्रिटेन की इकोनॉमिक एंड सोशल रिसर्च काउंसिल ने इस मुद्दे पर कई समाजशास्त्रीय अध्ययन कराए हैं। वहाँ समाज के बदलते हुए रुझानों का जैसा अध्ययन होता है, वैसा अपने यहाँ कहाँ !''

मैंने कहा, ''हमारे यहाँ ऐसे अध्ययन बेकार हैं। सभी जानते हैं कि हमारे मध्यवर्ग और निम्न मध्यवर्ग में–और खासतौर से नौकरी-पेशावालों में एक पेशे के साथ दो या तीन करिअर अपनाना आम बात है। किसी भी पान की दुकान पर दस मिनट रुककर आप यह आसानी से जान सकते हैं। चश्मा लगाकर मोटी-मोटी किताबें पढ़ने या फ़ील्ड स्टडी करने की यहाँ ज़रूरत नहीं है। यह ज़रूर है कि अपने यहाँ सनलाइटर और मूनलाइटर में कोई नफ़ीस फ़र्क़ नहीं किया जा सकता क्योंकि यहाँ सारा खेल पैसे का है, रुचि की कोई भूमिका नहीं है।''

हमारे साथ एक बुजुर्ग रिटायर्ड अफ़सर भी बैठे थे; बोले, ''सही कहा आपने। मैं एक मिसाल हूँ। मेरे शहर में एक पुस्तक विक्रेता की दुकान पर एक पुराना चपरासी था; काम अच्छा करता था, पर ज़बान भी लड़ाता था। एक दिन उसकी गुस्ताख़ी से आज़िज आकर मालिक ने उसे काम से निकाल दिया। जानते हैं, इस पर उसने क्या कहा ? कहा कि यह मत समझो कि मैं बेकार हो गया। मैं सरकारी नौकर हूँ। एजी ऑफ़िस में चपरासी हूँ। चाहो तो जाकर देख आओ। मेरी वर्दी इस वक़्त भी दफ़्तर में खूँटी पर टँगी है, जिसे वहाँ सवेरे दस बजे उतारकर मैं यहाँ आया हूँ।''

बुजुर्ग बोलते रहे, ''उस चपरासी ने यह काम अपने सेक्शन अफ़सर की देखादेखी शुरू किया था। वह अफ़सर अब भी दफ़्तर आकर अपना कोट खूँटी पर टाँग देता है और कई घंटे के लिए एक बिजनेस फर्म में मार्केटिंग का काम देखने चला जाता है। कभी-कभी हज़ार किलोमीटर दूर शहरों में दौरे पर भी निकल जाता है। दफ़्तर में उसकी मौजदूगी की अलामत के तौर पर उसका कोट खूँटी पर टँगा रहता है।''

मैंने कहा, ''आप छुटभैया सनलाइटर्स की बात कर रहे हैं, बड़ों को भूल रहे हैं। देश के हर बड़े शहर में, राज्यों और केन्द्र की राजधानी तक में ऐसे

ऊँचे अफ़सरों की फ़ौज मौजूद है जिन्होंने शहर से बाहर बड़े-बड़े कृषि-फार्म बना रखे हैं। वे अफ़सरी के साथ 'जेंटलमैन फ़ार्मर' बनकर असली मुनाफ़े की खेती कर रहे हैं। कई लोग अफ़सरी के साथ उद्योग-धन्धे चला रहे हैं, फैक्टरियों के मालिक हैं। मैं ऐसे मिनिस्टरों तक को जानता हूँ जो बेनामी तौर पर सरकारी महकमों में ठेके का कारोबार करते हैं। मैं एक ऐसी शख़्सियत को भी जानता हूँ जो सांसद भी हैं और एक राज्य में मन्त्री भी। मैं एक अध्यापिका को जानता हूँ जो एक कलाकार से चित्र बनवाकर उन्हें अपने नाम से 'एलीट' समुदाय में बेचती हैं, यह ज़रूर है कि उनके पति बड़े सरकारी अफ़सर हैं।''

तभी बुजुर्ग बोले, ''हमारे देश की ख़ूबी तो देखिए, हमने बेनामी सनलाइटर ईजाद कर दिया, विलायत में वह शायद ही मिले। हमारे देसी श्री/श्रीमती रिले का कोई मुक़ाबला नहीं कर सकता। वे समर्थ हैं और मनमाना करने की उन्हें सब तरफ़ से आज़ादी है।''

दोस्त सुनते रहे। हमारी बातों में देसी सनलाइटिंग और मूनलाइटिंग के नए-नए आयाम खुलते रहे।

*[13.9.2004]*

# तमीज़ तो इनसे सीखिए

गाड़ी रुकते ही रेल के मुसाफ़िर जेल से भागे हुए क़ैदियों की तरह फाटक की ओर दौड़ लिए। उनमें आगे रहने की होड़-सी लगी थी। देखते-देखते वे स्टेशन के बाहर आ गए। उधर इक्के-ताँगेवालों में अचानक अफरा-तफरी मच गई। यह रोज़ का मंज़र था।

''तब इक्के-ताँगे लखनऊ की शायस्ता ज़िन्दगी की अलामत और वहाँ की तहज़ीब के अलम-बरदार थे। क्यों न हों, स्टेशन पर उतरनेवाले हर मुसाफ़िर का पहले उन्हीं से वास्ता पड़ता था...''

लखनऊ के एक पुराने मुहल्ले में मैं अपने एक नौजवान दोस्त के घर पर चाय पी रहा था। सामने आरामकुर्सी पर आराम फरमाते हुए उनके पिताश्री गुज़िश्ता लखनऊ का क़िस्सा सुना रहे थे।

''इक्केवाले मुसाफ़िरों को अपनी-अपनी ओर खींच रहे थे। उनका सामान उनके हाथों से झपटकर या उनके कुली को आगे ठेलकर अपने इक्के पर लादने को उतावले हो रहे थे। तभी एक कोट-पैंटवाले बाबू साहब इस छीना-झपटी की लपेट में आ गए। एक इक्केवाले ने उनके कुली से उनका बक्सा झपटकर अपने इक्के पर रख लिया और दूसरे इक्केवाले ने उनका हाथ पकड़कर उन्हें अपने इक्के पर बैठा लिया। फिर दोनों में ऐसी तू-तू, मैं-मैं शुरू हुई कि ख़ुदा ख़ैर करे।

''पहले नफ़ीस गालियों की गोलियाँ चलीं, पर जब दूसरे इक्केवाले ने लपककर पहलेवाले इक्के से सवारी का बक्सा उठाकर अपने इक्के पर रख लिया तब गालियों की फ़ितरत बदल गई। आख़िर, दूसरा इक्केवाला फ़तेह पाकर धीरे-धीरे इक्का आगे बढ़ाने लगा; दुश्मन की हर गाली के जवाब में अब वह यही कहता, 'अबे भूतनी के, सवारी बैठी है; नहीं तो अभी कूदकर तेरी गरदन मरोड़ देता'–या कुछ ऐसा ही। दोनों ओर से बार-बार 'सवारी', 'सवारी' की

आवाज़ें उठ रही थीं; तभी पहले इक्केवाले ने गरजकर कहा, 'अबे क्या सवारी-सवारी लगा रखा है ? तेरी...ऐसी की तैसी और 'तेरी सवारी की भी...' "

हमारे बुजुर्गवार इक्केवाले की असली गाली मुँह से नहीं निकाल सकते थे, जैसे-तैसे 'ऐसी-की-तैसी' कहकर उन्होंने निजात पाई; फिर बोले, "सवारी बेचारी शुरू से ही दुबकी बैठी होगी, उधर से उसी पर एक भद्दी गाली पड़ी तो बेचारा और भी दुबक गया होगा। कर भी क्या सकता था ? दरअसल, मुसीबत शरीफ़ की है। दो जाहिल लड़ रहे हैं और गालियों की बौछार अचानक तीसरी ओर मुड़ जाती है। बेचारा क्या करे ?"

अचानक मेरा दोस्त बोला, "मैं बताता हूँ कि वह क्या करे। वह बोले ! ज़ोर से बोले ! या अपने आदमियों को बोलने दे ! दुबककर ख़ामोशी से न बैठे ! आपने इक्केवाले का क़िस्सा सुनाया, मैं एक मौजूदा मिनिस्टर, गवर्नर, विपक्ष के नेता और दीगर लोगों का क़िस्सा सुनाता हूँ। वहाँ भी बहस जिन दो लोगों के बीच होनी थी, वहाँ से वह तीर की तरह काशी नरेश और नवाब रामपुर की दिशा में छिटक गई। यह हालत, जिस सवारी का आपने क़िस्सा सुनाया, उससे कहीं बदतर है।"

दोस्त ने कहा, "यू.पी. में एक मिनिस्टर हैं। सरकार ने रामपुर में उर्दू-अरबी-फ़ारसी यूनिवर्सिटी बनाने का फैसला किया है। उसी में तजबीज है कि मिनिस्टर आजम ख़ाँ साहब को ताउम्र उसका प्रो-चांसलर बनाकर रखा जाए। जब यह विधेयक गवर्नर की मंजूरी के लिए गया तो उसे इस मुद्दे पर एतराज़ हुआ। सरकार ने विधेयक वापस लेकर उसे ऑर्डिनेंस की शक्ल में दोबारा रखा, पर गवर्नर का एतराज़ बरकरार रहा। तो झमेला सरकार और गवर्नर के दरमियान है।

"पर वह बात पीछे छूट गई। सरकार ने कहा कि आजीवन प्रो-चांसलर तो एक विश्वविद्यालय में काशी नरेश भी बनाए गए हैं। जवाब में कहा गया कि उन्होंने यूनिवर्सिटी के लिए 22 गाँवों की ज़मीन दी और कई त्याग किए थे। तब आजम खाँ साहब ने अचानक फरमाया कि काशी नरेश—और नवाब रामपुर—अंग्रेज़ों के पिट्ठू थे। अब जितनी बातें उनके बचाव में कही गईं, जवाब में काशी नरेश के लिए कोई न कोई भोंडी बात सिद्धान्त की आड़ में इधर से आ जाती है। सूरत वही सवारीवाली कहानी की है, बहस का मुद्दा अब सरकारी विधेयक नहीं रहा जितना यह कि 'काशी नरेश अंग्रेज़ों के पिट्ठू थे या नहीं ?' यानी पूरा झगड़ा अब बेचारी सवारी में सिमट चुका है।

"शायद एक सवारी से काम न चले, इसलिए एहतियातन मन्त्री जी ने एक

स्पीच में जवाहरलाल नेहरू को भी लपेट लिया, कहा कि वे 'मुस्लिम-विरोधी' हैं। अब काँग्रेस की ओर से मन्त्री जी पर पड़ी बौछार में भी शिष्टाचार के नए प्रतिमान गढ़ने की कोशिश है। 'ओछी जहनियत', 'बदमग़ज़ी', 'बदगुमानी', 'मग़रूरी' जैसे शब्द साबित करते हैं कि काँग्रेस में भी उर्दूदाँ लोगों की कमी नहीं है।''

दोस्त ने कहा, ''पापा, सच तो यह है कि रतननाथ सरशार के ज़माने के किरदारों की ज़बान–उनकी गालियाँ तक–बासी पड़ चुकी है; आज की पॉलिटिक्स में देखिए, कितनी ताज़गी है ! बहस को तीसरी दिशा में मोड़ने की कैसी तरकीबें हैं ! गाली-गलौज में कैसी नफ़ासत है ! साथ ही उसमें कितना खुलापन है !''

*[27.9.2004]*

# मैं विपक्ष होता तो क्या करता

''आप विपक्ष होते तो क्या करते ?'' मेरे इस सवाल के जवाब में कल के तेज़तर्रार, जुझारू नेता और आज सफल उद्योगपति नरोत्तम जी बोले, ''सबसे पहले तो अपना अंग-विन्यास बदलता।''

''अंग-विन्यास ?'' मैंने पूछा।

बोले, ''यानी जिस्मानी तौर-तरीक़ा, पोस्चर।''

यह समझकर (और उन्होंने सही समझा) कि मैं कुछ समझा नहीं, उन्होंने समझाया, ''देखिए न, अभी तक मुहावरा चलता था : 'विपक्ष में बैठना'। जब राजीव गांधी की काँग्रेस संसद का चुनाव हार गई तो उन्होंने कहा, 'अब हम विपक्ष में बैठेंगे।' पर इस बार जब वही चुनाव भाजपा हारी, तो सत्र के दौरान संसद में उसके सदस्य बैठे नहीं, ज़्यादातर खड़े रहे और खड़े-खड़े संसद की कार्रवाई को ठप करने के लिए चौराहे की लाल बत्ती बने रहे। उन्होंने कहा नहीं, पर विपक्ष की हैसियत से दिखा दिया कि 'अब हम विपक्ष में खड़े होंगे'। भाजपा का यह पोस्चर मुझे बहुत भा गया है। इसलिए मौका मिलने पर मैं विपक्ष में बैठूँगा नहीं, खड़ा होऊँगा।''

मैं उत्साहित हो गया, बोला, ''संसदीय प्रणाली में यह तो जगद्गुरु भारत का अनूठा योगदान होगा। क्या महान दृश्य है ! कैसा दिलकश नज़ारा है। कल्पना कीजिए, एक ओर सत्ता पक्ष के सदस्य गऊ बने हुए सदन के दाईं ओर बैठे हैं, दूसरी ओर विपक्ष के लोग फर्श पर, मेज़ पर या सदन के कुएँ में खड़े होकर अपना संवैधानिक कर्तव्य निभा रहे हैं। अजब नहीं कि आगे चलकर इस व्यवस्था को संसदीय नियमों में स्थायी तौर से अपना लिया जाए !''

नरोत्तम जी कहते रहे, ''विपक्ष बनकर मेरा दूसरा सिद्धान्त होगा कि कभी भी किसी बड़े मुद्दे पर कोई बहस न उठाई जाए। जैसे, सत्ता पक्ष कहता है कि हमें ग़रीबी हटानी है या बिजली, पानी, सड़कों आदि का विकास करना है

तो इस पर हमें क्या एतराज़ हो सकता है ? ख़ुशी से ग़रीबी हटाइए, ख़याल बेजा नहीं है। इसी नीति को लेकर इस बार विपक्ष ने संसद में बजट पर बहस करके वक़्त नहीं बरबाद किया। सही तरीक़ा यह है कि हम यथार्थ पर बहस करें ही नहीं, प्रतीक पर करें।''

मैं नासमझ की तरह उनकी ओर देखा, वे बोले, ''यानी किसी अदना चीज़ को फुलाकर पेश करना–किसी ऐसी चीज़ को, जो सबकी समझ में आ जाए यानी फावड़े को फावड़ा कहना ज़रूरी नहीं है, उसे बढ़ाकर हवाई जहाज़ बना दो; यही नहीं, उस पर चढ़ने की कोशिश भी करो।''

''जैसे ?'' मैंने पूछा।

''जैसे साध्वी उमा भारती और राष्ट्रीय तिरंगा। उन पर ग़लत-सही जैसा भी हो, मुकदमा उठा लिया गया, पर साँप निकल जाने के बाद लकीर को पीट-पीटकर उसे दोबारा साँप बनाने की तैयारी है। जिसे साँप समझा था, वह लकीर निकली और क्या अजब, ज़्यादा पीटने पर लकीर ही सचमुच का साँप बन जाए ! यानी, देखने में एक मासूम-सा मुद्दा, जो चार-छह महीने जनता, सरकार और विपक्ष के इंजन में हाइ क्वालिटी लुब्रिकेंट पहुँचाता रहेगा। उसी तरह एक और मुद्दा है, अन्दमान में वीर सावरकर की पट्टिका हटाने का।''

मैंने कहा, ''पर यह तो भावनाओं से जुड़ा हुआ मसला है, कुछ लोग उन्हें गाँधी जैसा ही मानते हैं।''

''आप भी आ गए इस चपेट में ?'' नरोत्तम जी हँसे, ''सवाल यह नहीं है कि सावरकर क्या थे, क्या नहीं थे। यह झमेला खड़ा करके दोनों पक्ष कई महीने तक इतिहास के हर पहलू पर बहस करते रहेंगे पर अय्यर महाशय की पेट्रोलियम मिनिस्ट्री के किसी भी मसले पर नज़र नहीं डालेंगे। बहस पेट्रोल उत्पादों की समस्याओं से खिसककर वीर सावरकर की जीवनी पर पहुँच जाएगी। 'इशूज़' टल जाएँगे, मंच पर 'नॉन इशू' रह जाएगा। दोनों ओर चहल-पहल रहेगी।''

उन्होंने कहा, ''दरअसल संसदीय प्रणाली के भीतर जगद्गुरु भारत यहाँ भी एक अजूबा तैयार करके दुनिया को मात दे रहा है। वह अजूबा है–बड़ी बहसों को दरकिनार करो और किसी बेजान 'नॉन इशू' को फुलाकर एवरेस्ट पर चढ़ा दो। ग़रीबी, बदहाली, बेरोज़गारी को भुलाकर एक पट्टिका पर चढ़ जाओ और चैन से राजनीति की सुपरसॉनिक यात्राएँ करो।''

मैंने कहा, ''पर इसके बाद विपक्ष प्रजातन्त्र के पहरेदार की भूमिका कैसे निभाएगा ?''

''यहाँ भी जगद्गुरु भारत ने एक नया प्रयोग किया है। विपक्ष का सारा

पारम्परिक काम अब गठबन्धन सरकार को समर्थन देनेवाली पार्टियाँ ही कर रही हैं, और उसे काफ़ी ज़िम्मेदारी से कर रही हैं। देखिए न, केन्द्रीय सरकार को वामपन्थी पार्टियाँ जिस अन्दाज़ से लथाड़ रही हैं या उत्तर प्रदेश में समर्थन देते हुए भी काँग्रेस पार्टी सरकार को जैसे रद्दे लगा रही है, वैसा क्या कोई विपक्ष कर पाएगा ?''

मैंने कहा, ''नरोत्तम जी, यह पूरा दृश्य तो बड़ी ही निराशाजनक है।''

''नहीं, एकदम ऐसा नहीं,'' वे बोले, ''बकौल अंग्रेज़ी कहावत, इन काले बादलों में भी चाँदी की एक पट्टी झलकती है; वह है उत्तम भोजन। अभी हाल में प्रधानमन्त्री ने भोज पर वामपन्थी नेताओं को बुलाकर उन्हें पूरी तौर से सन्तुष्ट कर दिया : यानी तुष्ट हुए आहार से और सन्तुष्ट हुए उनकी वाणी और व्यवहार से। वही हाल उत्तर प्रदेश में भाजपा नेताओं का हुआ : गए थे कानपुर में भाजपा कार्यकर्ताओं पर पुलिस के लाठीचार्ज और वहशीपन की शिकायत करने। उनमें एक ज़ख़्मी नेता तो स्ट्रेचर पर भी पड़े हुए थे, पर उत्तम वार्ता और उससे भी उत्तम जलपान आदि के बाद वे भी तुष्ट और सन्तुष्ट होकर लौट आए, पता नहीं उन्हें अकबर इलाहाबादी याद आए या नहीं :

*क़ौम के ग़म में डिनर खाते हैं हुक्काम के साथ,*
*रंज लीडर को बहुत है मगर आराम के साथ।''*

*[11.10.2004]*

# बाढ़ के दिनों में काव्य-चर्चा

अभी पिछले सितम्बर में जब हमारे और पड़ोस के शहर में भयानक बाढ़ आई और जलभराव और गोमती के फैलाव ने टी.वी. न्यूज चैनलों को इफ़रात से कच्चा माल पहुँचाना शुरू किया तब मुझे अपने एक कलाप्रेमी मित्र की याद आई। उनका हालचाल लेने के लिए उनके मुहल्ले में पहुँचा। मुहल्ला बाढ़ पीड़ित था, पर उनका घर सुरक्षित था। उस समय चारों ओर जलप्लावन के बीच वे अपने सुरक्षित टापू में बिराजे हुए पं जसराज के गाए गौड़ मल्हार का एक निजी कैसेट सुन रहे थे। छोटे खयाल के बोल कुछ यूँ लगे : बादर बरसात बरसे री आली, फिर कुछ और, फिर निपट निदारी भारी भादर की जामिनी।

मित्र ने मुझे ख़ामोशी से बैठ जाने का इशारा किया। गीत के बोल मुझे कुछ पहचाने-से लगे और जब तानों की घनघटा में ये शब्द चमके कि *तामें स्याम बसन विभूखन पहिरि स्यामा स्याम पै सिधारी प्यारी*, तो पूरी कविता मेरी पकड़ में आ गई। यह रीतिकाल के आख़िरी आचार्य भिखारीदास का छन्द था। इसका मजमून है : कृष्णाभिसारिका, यानी वह माशूक़ा जो घुप अँधेरी रात में आँधी-पानी की परवाह किए बिना अपने आशिक़ से मिलने निकल पड़ती है। वहीं अगर चाँदनी रात हुई तो उसे आचार्य कहेंगे : शुक्लाभिसारिका !

बाढ़ की ध्वंसलीला से गुज़रते हुए जब मैं यहाँ आ रहा था, मुझे सर्वेश्वरदयाल सक्सेना की कविता 'कुआनो नदी' की कुछ पंक्तियाँ, अलग-अलग टुकड़ों में याद आ रही थीं : *फिर बाढ़ आ गई होगी उस नदी में/ पास का फुटहिया बाज़ार बह गया होगा/ पेड़ की शाखों में बँधे खटोले पर/ बैठे होंगे बच्चे किसी काछी के...*

घोर हताशा में, समूचे भारत के रूपक की तरह, बाढ़ के अन्त में : *कुआनो नदी उतनी ही उथली है/ नाव उतनी ही छोटी कीचड़ में फँसी हुई/ मुर्दे उतनी ही बेशुमार !* पर उम्मीद बाक़ी है : *हर अँधेरा ख़ुद/ रोशनी को जन्म देता है/*

*अँधेरे में निकल पड़ो/ तो अँधेरा अँधेरा नहीं रह जाता।*

इत्तफाक देखिए : इन काव्य पंक्तियों के मुक़ाबले मित्र के घर में जो कविता मिली, वह थी कृष्णाभिसारिका, जिसमें भादों की मूसलाधार बारिश में वह अपने प्रेमी के घर जा रही है–अँधेरे में, आचार्यों द्वारा निर्धारित यूनीफॉर्म यानी काली पोशाक पहने ! वह अँधेरे में खोई हुई है, भले ही तेज़ हवा से उसका काला परिधान उड़कर उसकी 'चटकीली छवि' उघाड़े दे रहा हो। दूर से देखनेवाले यही समझेंगे कि बिजली चमकी है !

मैं मित्र को बाढ़ के हालात बताता, पर वे गौड़ मल्हार में खोए थे और शुरू में मैंने बेवकूफ़ी से जो कृष्णाभिसारिका का जिक्र कर दिया, उससे वे अब उसी में उलझ गए। वे कृष्णाभिसारिका पर अंधाधुन्ध छन्द सुनाने लगे, कालिदास को भी नहीं छोड़ा, मेघदूत से एक ऐसा छन्द पढ़ा जिसमें अवन्ती में मेघ-भरी रात में, जब अँधेरा इतना घना हो कि उसमें सुई तक खोंसी जा सके, बहुत-सी कृष्णाभिसारिकाएँ अपने प्रेमियों के घरों के लिए राजमार्ग पर निकल पड़ी हैं। यक्ष मेघ को समझाता है : "भाई, उन्हें रास्ता दिखाने के लिए बिजली तो खूब चमकाना, मगर उन पर पानी गिराते हुए गरजना नहीं–वे डर जाएँगी।"

मजबूरन मैंने उन्हें हड़काकर रोका, कहा, "ये कैसी सड़ी-गली कविताएँ सुना रहे हैं आप ! और वह भी ऐसे मौक़े पर, माना कि पं. जसराज के गायन में यह कविता भी एक जादू बन जाती है पर यह खूबी तो उम्दा संगीत की है ही। कहते हैं कि जो इतनी बेवकूफ़ी की बात है कि कही नहीं जा सकती, वह बखूबी गाई जाती है। पर रद्‌दी कविता तो रद्‌दी ही रहेगी। इस कृष्णाभिसारिका को आप स्त्री के नज़रिए से देखिए, यहाँ प्रेम में भी मर्द एम.सी.पी. (मेल शावनिस्ट पिग) ही है। ख़ुद लाट साहब बना अपने बँगले पर बैठा है और माशूक़ा से उम्मीद करता है कि आँधी-पानी, साँप-बिच्छू, सभी को झेलती वह खुद उस तक आवे। वह साला खुद ही क्यों नहीं कृष्णाभिसारक बन जाता ? यहाँ तक कि *पिया मिलन को जाना* टाइप के सैकड़ों फ़िल्मी गीत भी इसी बेहूदा मर्दवादी जेहनियत को हवा दे रहे हैं। मैंने पण्डित नेहरूवाले जुमले पर अपनी बात ख़त्म की : "क्या बदतमीज़ी है यह !"

मित्र पण्डित आदमी हैं, मुस्कराए, बोले : "आप तो पूरे नारी मुक्ति-आन्दोलन बन गए।" उन्होंने संस्कृत का एक छन्द सुनाया। उसमें पुरुष ज़मीन पर गिर पड़ा है। उसकी प्रेयसी लात उठाकर उसे ठोकर मारना चाहती है। वह गिड़गिड़ाकर कहता है: "आप जैसी सुन्दर प्रभु की मुझ पर लात पड़ने जा रही है, इससे मुझे कोई दुख नहीं, दुख बस यह सोचकर होता है कि आपका तलवा मेरी देह को

छुएगा, इस कल्पना से ही मेरा रोम-रोम कंटकित हो गया है। उन पर आपका पाँव जब पड़ेगा तो आपको कितनी तकलीफ़ होगी !''

मित्र बोले, ''साहित्य ने मर्दों को भी लातें खिलाई हैं। कहाँ रहा उसका वर्चस्व ?''

मैंने कहा, ''मान-मनौवल लीला के ऐसे लिज़लिज़े हवालों से क्या साबित कर रहे हैं ?''

उनका घर छोड़ते ही सर्वेश्वर फिर से हावी हो गए। सोचता रहा : बाढ़ आई है ! बस्तियाँ बह गई हैं। फ़सलें डूबी पड़ी हैं, राहत कार्य चल रहा है, राहत लेनेवाले और राहत देनेवाले, दोनों के लिए ! दोनों पक्षों के अपने-अपने ढंग हैं। बकौल सर्वेश्वर : *मछलियाँ, जोंक, पनियल साँप/सबके अलग-अलग ढंग हैं पानी में चलने के !*

*[25.10.2004]*

# अब तुम्हारे हवाले वतन दादा जी

अपने दोस्त ने पूछा, 'जीरियाट्रिक' के लिए हिन्दी शब्द क्या है ?''

मैंने कहा, ''जराजीर्ण।''

दोस्त ने कहा कि यह तो सरकारी हिन्दी हुई, जिसे कभी रघुबीरी हिन्दी कहा जाता था। कोई ऐसा शब्द बताओ जो हिन्दी बोलनेवाले की समझ में आ जाए।

मैंने कहा, ''जीरियाट्रिक, यानी बुढ़ापेवाला, पर इसकी बात उठी कैसे ?''

दोस्त बोले, ''सर विदिया, यानी वी.एस. नायपॉल की वजह से ! अभी कुछ दिन पहले दिल्ली में ब्रिटिश काउंसिल के मंच से उन्होंने अपने नए उपन्यास को बाज़ार में उतारे जाने के अवसर पर अपनी 72 साल की उम्र को लेकर कुछ ऐसी बातें कहीं, जो हमारे प्रभुतासम्पन्न जीरियाट्रिक समाज के लिए बहुत ही ऊलजलूल हैं। वे भूल गए कि यहाँ चाहे नेता हो या अभिनेता, लेखक हो या कलाकार–वह तरक्की का एवरेस्ट तभी फ़तह करता है जबकि वह अपना अमृत महोत्सव मना चुका हो।''

''पर नायपॉल साहब ने ऐसा क्या कहा ?'' मैंने पूछा।

वे बोले, ''अपने नए उपन्यास *मैजिक सीड्स* का लोकार्पण करते हुए उन्होंने फरमाया कि वह उनकी आख़िरी किताब होगी; कि वे लेखन से संन्यास ले रहे हैं। और वजह यह बताई कि वे अब बहत्तर के हो रहे हैं, अब उनमें पहले जैसी ऊर्जा नहीं रही। किताब लिखने का काम बड़ी कूवत, बड़ी ऊर्जा की माँग करता है और ऐसे बहुत कम लेखक हैं जिन्होंने बहत्तर के बाद किसी महान कृति की रचना की हो; वगैरह, वगैरह।''

मैंने कहा, ''उन्हें सलाह दी जानी चाहिए कि वे अपने मनोचिकित्सक से मिलें। ऐसी बातों से लगता है कि वे गहरे अवसाद की चपेट में आ गए हैं।''

दोस्त बोले, ''आप तो ऐसी बकवास करेंगे ही। खुद उन्यासी साल के हो

रहे हैं, फिर भी बेशर्मी से जो भी अल्लम-गल्लम सूझा, उसे काग़ज़ पर उतारकर लेखक की दुम बने हुए हैं। नायपॉल का हिसाब ठीक है; जब तक जलना हुआ, ऊँची लौ के साथ जले। धू-धू करके धुआँ नहीं निकाला। और इधर आप जैसे दर्जनों लोग हैं, जो बराबर धुआँते रहते हैं और अपने लिए प्रचार करते हैं कि अमुक जी धुआँधार लिख रहे हैं।''

मैंने कहा, ''मेरे बहाने आपने भारत के बुजुर्ग लेखकों की, यानी जीरियाट्रिक लेखकों की इज़्ज़तअफ़जाई की, इसका शुक्रिया, पर आपकी निगाह लेखकों के बाहर की दुनिया पर क्यों नहीं जाती ?''

दोस्त बोले, ''आपका इशारा अट्ठासीसाला मक़बूल फिदा हुसैन की ओर है। है न ? पर वे तो एक जीनियस हैं।''

''जीनियस तो करुणानिधि और करुणाकरन भी हैं,'' मैंने कहा, ''पर वे मामूली जीनियस हैं। राजनीति में एक से एक धाकड़ जीरियाट्रिक पड़े हुए हैं, उनके बारे में क्या राय है ?''

''देखिए जनाब,'' दोस्त बोले, ''राजनीति को बीच में मत डालिए, वह तो अपने-आपमें एनर्जी जेनरेट करती है। आप अस्सी के हों या पचासी या नब्बे के, अपनी याददाश्त की गुफ़ाओं से आप अपने विरोधियों की काली करतूतें उजागर करते रहिए। आपका मिशन पूरा हो जाएगा। न आपको लिखने की ज़रूरत है, न पढ़ने की; सिर्फ़ कुछ शब्द बोलने हैं। जिसे चाहें, विश्व बैंक का आदमी बता दीजिए; किसी को आर.एस.एस. से जोड़ दीजिए; बी.एस.पी. वाले को काँग्रेस में डाल दीजिए, काँग्रेसवाले को भाजपा में...''

मैंने कहा, ''शायद आपका इशारा...'' मैं किसी का नाम लेता, इसके पहले ही उन्होंने मुझे रोक दिया; बोले, ''भाई, ऐसे जीरियाट्रिक नेताओं के नाम लेने शुरू किए तो पूरा विष्णुसहस्रनाम बन जाएगा।''

मैंने कहा, ''आप ठीक कहते हैं। कुछ तो इतने जराजीर्ण हो गए हैं कि अब वे जीरियाट्रिक नहीं रहे, 'जाम्बी' हो गए हैं।''

उन्होंने पूछा, '' 'जाम्बी' की हिन्दी क्या है ?''

मैंने कहा, ''यह जादू-मन्तर की दुनिया का शब्द है। 'जाम्बी' उस मुरदे को कहते हैं जिसे मन्तर के ज़ोर से ज़िन्दा कर लिया जाता है।''

दोस्त बोले, ''जाम्बियों के भी सहस्रनाम नहीं तो 108 नाम तो लिए ही जा सकते हैं।''

सहसा मुझे एक ख़याल आया; बोला, ''आप कुछ ज़्यादा ही निराशावादी हो रहे हैं। राजनीति में बच्चा लोगों का वर्चस्व बढ़ने ही वाला है। आप जूनियर

गाँधी, जूनियर पायलट, जूनियर सिंधिया, जूनियर सिंह या मुलायम सिंह जी के नूरचश्म जैसे नामों की मौजूदगी को भूले जा रहे हैं।"

दोस्त बोले, "राजकुमार तो राजदरबारों की शोभा के लिए होते हैं। रेशमी अचकनों और बिना तलवार की मखमली म्यानों से लैस इनकी मौजूदगी लुभावनी है, पर न भूलें कि सत्ता के केन्द्र पर क्यू में किसी बूढ़े के पीछे जो खड़ा है, वह कोई बूढ़ा ही है।"

मैंने कहा, "यह कैसे कह सकते हैं आप ?"

वे बोले, "नमूना आपके सामने है। हाल ही में वेंकैया नायडू ने भाजपा की अध्यक्षता से जब इस्तीफ़ा दिया तो उनकी जगह कौन सज्जन आए ? वही न, जो लोकसभा के अगले सामान्य चुनाव तक अस्सी का आँकड़ा छू रहे होंगे ?"

"मेरी शुभकामनाएँ !" मैंने कहा।

"और दूसरा नमूना," वे बोले, "उत्तर प्रदेश के युवा नेता विधान परिषद के सदस्य अजीत सिंह की दुखद मृत्यु के बाद का है। वहाँ उपचुनाव में सपा ने उनकी जगह किसको टिकट दिया है ?"

जवाब उन्होंने ही दिया, "श्री रंजीत सिंह को। ये बुजुर्ग और कोई नहीं बल्कि इन्हीं स्व. अजीत सिंह जी के पिताश्री हैं।"

*[8.11.2004]*

# फटाफट विकास का अचूक नुस्ख़ा

हमारे बुजुर्ग दोस्त प्रशासन में बहुत ऊँचे ओहदे पर थे। जितने ऊँचे अफ़सर थे, रिटायरमेंट के बाद उतने ही गहरे अवसाद के शिकार हैं। अख़बार पढ़ते जाते हैं और 'हमारे ज़माने में...' की याद करके आज के ज़माने के अधोपतन पर आहें भरते जाते हैं।

आज सुबह भी वही हुआ। प्याले की चाय ठण्डी हो रही थी, अख़बार उनकी आँखों के सामने था पर नज़र अख़बार के नीचे ज़मीन पर थी। मैं उनके सामने कुर्सी पर बैठ गया, उन्होंने नोटिस नहीं लिया।

"क्या हुआ ?" मैंने पूछा।

उन्होंने अख़बार में एक क़ातिलाना उँगली चुभोई, कहा, "इसे पढ़ा ?"

मैं पढ़ चुका था। प्रदेश के एक मण्डल में मुख्यमन्त्री ने विकास की प्रगति-समीक्षा के बाद पत्रकार सम्मेलन में जो कहा था, उसकी रिपोर्ट थी।

"कुछ ही महीने हुए, मुख्य सचिव को मुअत्तल कर दिया था। कल देखिए, एक कमिश्नर, दो जिला मजिस्ट्रेट, दो पुलिस कप्तान एक साथ मुअत्तल कर दिए गए। पुलिस के एक इंस्पेक्टर जनरल पर भी कार्रवाई शुरू कर दी गई ! दूसरे महकमों के भी लगभग सत्तर अफ़सरों पर मुअत्तली की गाज़ गिरी। यह क्या हो रहा है ?" उनकी आवाज़ में चालीस प्रतिशत ग़ुस्सा और साठ प्रतिशत अफ़सोस था।

मैंने कहा, "कुछ नहीं हो रहा है, सिवा इसके कि कुछ निकम्मे अफ़सरों को मुअत्तल किया है।"

वे बोले, "इतने आला हाकिमों को बेइज़्ज़त करके क्या सरकार खुद अपने निज़ाम को बेइज़्ज़त नहीं कर रही है ?"

यह गहरे अवसाद का लक्षण है। मुझे अपने दोस्त की काउंसेलिंग करके उसे इससे उबारना चाहिए : मैंने सोचा और आराम से कुर्सी पर फैल गया; कहा,

"आपका नज़रिया कुछ बासी है, शायद फफूँद गया है। पहले तो उसे दुरुस्त कीजिए। जिस तरह किसी अपराध में जेल जाने पर भी नेता बेइ़ज्ज .त नहीं होता, शहीदों में शुमार होने लगता है, वैसे ही अफ़सर भी मुअत्तली से बेइ़ज्ज़त नहीं होता, उसके मत्थे पर शहीदाना चमक आ जाती है। अभी आपने कहा कि अफ़सरों पर मुअत्तली की गाज़ गिरी। 'गाज़ गिरना' जैसा मुहावरा, जो कम पढ़े-लिखे कस्बाई रिपोर्टरों में बहुत लोकप्रिय है, यहाँ लागू नहीं होता। गाज़ नहीं गिरी है, सरकार ने उन्हें फुरसत में रात-दिन बैठे रहने की सुविधा दी है। कुछ दिन वे इस सुविधा का भोग करेंगे, फिर किसी दिन अपनी हैसियत के किसी ओहदे पर ख़ामोशी से रेंग आएँगे। ग़ौर कीजिए, उनकी मुअत्तली ख़बर बनती है, उनकी बहाली नहीं। खुद सोचिए, पिछली सरकार में कितने सैकड़ा अफ़सर मुअत्तल हुए थे। उनमें से आज कौन कहाँ है, इसका कितनों को पता है और इस पर कौन सोचता है। शायद उनमें से 90 प्रतिशत लोग रेंगकर फिर अपने ओहदे पर आ चुके हैं।"

दोस्त मुझे ग़ौर से सुन रहे थे। मैं कहता रहा, "वैसे तो मुअत्तली यानी निलम्बन अधर में लटके रहने की स्थिति है–लगभग 'अस्ति' और नास्ति' के बीच झूलने की दार्शनिक स्थिति–पर यह लोगों को घर-गिरस्ती, यारबाशी, क्लबों की अड्डेबाज़ी आदि का पूरा मौक़ा देती है, तनख़्वाह आधे से तीन-चौथाई तक मिलेगी ही। फिर, सरकार भी जानती है और अफ़सर भी, कि उसके ख़िलाफ़ कोई साबित होने लायक आरोप तो है नहीं, इरादा सिर्फ़ जनता को ख़ुशगवार धमाका दिखाने का है। सो, मुअत्तली के बाद न तो विकास के या अफ़सर के बारे में सरकार चिन्तित होगी, न सरकार के या ख़ुद अपने बारे में अफ़सर। दोनों मज़े में। अफ़सरों पर सरकार की सख़्ती का जनता पर रौब पड़ा ही, अफ़सर भी कुछ दिनों के लिए फुरसत में आ गया।"

"मगर विकास के मामले में कभी-न-कभी तो सरकार की पोल खुलेगी ही," दोस्त बोले।

मैंने कहा, "कैसी पोल ? सब कुछ तो पारदर्शी है। विकास के बुनियादी काम तो सरकार निजी कम्पनियों को पहले ही सौंप चुकी है, बाक़ी के लिए भी निजी पूँजी निवेश की आशा में वह कटोरा लिए स्थायी मुद्रा में खड़ी है। उसकी नौकरशाही का काम तो खाने की मेज़ से प्लेट-चम्मच-छुरी उठाने भर का है। इसके लिए उसे चाहे मुअत्तल करें या बहाल, कोई खास फर्क नहीं पड़ता।"

मैं दोस्त को हलका करने के लिए हलके ढंग से बोल रहा था और वे हलके

हो भी रहे थे, मुस्कराकर बोले, "मैं आपसे पूरी तौर से सहमत नहीं हूँ, पर कुछ-कुछ हूँ भी..."

मैंने कहा, "यानी इस वक़्त आपका चिन्तन निलम्बित दशा में है।"

"यही कह लीजिए," वे बोले, "हमारे ज़माने में भी–मुझे याद पड़ता है–कुछ अफ़सर मुअत्तली को आराम और फुरसत के लिए ही नहीं, किसी नए व्यवसाय के लिए भी उपयोगी मानते थे। एक वाकया सुनाऊँ : हम लोग अपने मिनिस्टर के यहाँ एक बैठक में सभी सार्वजनिक निगमों के काम की समीक्षा कर रहे थे। पाया गया कि लगभग सभी निगम घाटे में चल रहे हैं। हमारे मिनिस्टर ने इस पर चिन्ता प्रकट की, पर कहा, ग़नीमत है कि हमारे यहाँ कम-से-कम एक निगम ऐसा है जो हमेशा मुनाफ़े में चलता रहा है। हमारी बैठक ज़ोरदार हँसी के साथ ख़त्म हुई। आपको याद होगा, यह मुनाफ़ेवाला निगम और कोई नहीं, हमारे सीनियर निगम साहब थे जो ज़्यादातर मुअत्तल रहते थे और हर बार बहाली के बाद मुअत्तली की अवधि की तनख़्वाह क़ानून के सहारे सरकार से वसूल लेते थे।"

*[22.11.2004]*

# एक नेतापुत्र का इंटरव्यू

एक बहुत बड़े सरकारी ठेके को लेकर दो गुटों में जमकर गोलीबारी हुई थी। दूसरे गुट का अगुआ मौक़े पर ही ढेर हो गया था। पहले गुट का अगुआ हमारा नेतापुत्र था जिसके करिश्माई कारनामों से शहर के अख़बार हमेशा ही भरे रहते थे। उसका इंटरव्यू लेने का पिछली शाम मैंने इरादा बनाया और उसके पिताश्री के बँगले पर फ़ोन किया। पिताश्री महीना भर पहले तक राज्य सरकार के मिनिस्टर थे, पार्टी के निर्देश से अब संसद में आ गए थे, मिनिस्टरवाला बँगला अब भी उन्हीं का था। चालू प्रथा के अनुसार आगे भी बना रहेगा।

फ़ोन पर नेतापुत्र के किसी साथी ने कहा, "तुरन्त चले आइए, पर शर्त यह है कि कल की गोलीबारी के बारे में आप कुछ नहीं पूछेंगे।"

नेतापुत्र के पिताश्री वाणी और व्यवहार में बड़े सौम्य हैं। वैसे, हाल में जिन माफ़िया सरदारों ने राजनीति में सफल घुसपैठ की है, उनमें उनका नाम इज़्ज़त और दहशत के साथ सबसे पहले लिया जाता है। मैं एक पत्रकार हूँ और हम दोनों एक-दूसरे की व्यावसायिक दक्षता के लिए एक-दूसरे के प्रति गहरा आदर भाव रखते हैं। इस नेतापुत्र ने मुझे ससम्मान अपने कमरे में बैठाया। व्हिस्की के लिए पूछा, बाद में बात कॉफ़ी पर टूटी। फिर काम की बात शुरू हुई।

मैंने कहा, "आपके ख़िलाफ़ इतना कुछ छपता रहता है। किसी पाँच सितारा होटल के डिस्को में किसी का सिर फोड़ दिया, थाने पर धावा बोलकर किसी साथी को पुलिस की गिरफ़्त से छुड़ा लाए, किसी व्यापारी की मदद के लिए व्यापार कर अधिकारी की जीप फूँक दी, वग़ैरह-वग़ैरह। आप क्या कहना चाहेंगे ?"

उसके लिए शायद यह सबसे ज़्यादा मनोरंजक सवाल था। वह हँसा, बोला, "मैं भी वही कह सकता हूँ जो ऐसे मौक़े पर सभी कहते हैं–कि यह सब मीडिया की शरारत है, पर मैं ऐसा नहीं कहूँगा।

''आप जानते ही हैं, मेरे पिताजी बड़े सफल आदमी हैं और सफल आदमी के सौ-सौ दुश्मन होते हैं। उनको बदनाम करने का उन्हें जब कोई तरीका नहीं सूझता तो मुझे अपना मोहरा बना लेते हैं। मेरे पिता का क़सूर है कि वे सफल हैं, मेरा कसूर है कि मैं उनका बेटा हूँ; दूसरा क़सूर यह कि मैं पार्टी की युवा शाखा का संयोजक हूँ।

''हमारे ख़िलाफ़ झूठा प्रचार कैसे होता है, इसे आप देख चुके हैं। पिछले साल नहर के बड़े इंजीनियरवाली ख़बरें आपको याद ही होंगी। इस झूठ को कितना उछाला गया कि पिताजी की लताड़ के कारण नहर के बड़े इंजीनियर को दिल का दौरा पड़ गया और इसके बावजूद उसको ज़बरदस्ती रिटायर कर दिया गया। हम चुप रहे। टुच्चों के मुँह कहाँ तक लगा जाए।

''अब सुनिए कि सचाई क्या थी। यह सही है कि नहर-निर्माण की उस योजना में मैंने बाकायदा चालीस करोड़ का ठेका लिया था। अपने बाप का बेटा होने का यह मतलब तो नहीं कि मैं भूखा मरूँ। पर काम शुरू होते ही विभाग के छोटे-बड़े अफ़सरों ने ही छिपे-छिपे अफ़वाहें फैलानी शुरू कर दीं कि हमारे काम में घपला ही घपला है। इसकी वजह ? यही कि हम अफ़सरों को कमीशन खिलाने के ख़िलाफ़ हैं। तभी टेंडर में हमारे रेट सबसे कम होते हैं।

''बहरहाल, जब अफ़वाहें थमीं नहीं, और मेरे अनुरोधों का अफ़सरों पर कोई असर नहीं हुआ तो यह सच है कि पिताजी ने फ़ोन पर बड़े इंजीनियर को समझाया, कहा कि हमने पूरा काम सेक्शनों में बाँट दिया है, हर सेक्शन का एक मैनेजर है। उसकी ज़िम्मेदारी है कि काम क़ायदे के अनुसार चले। आपको कोई शिकायत हो तो वहीं मैनेजर से कहिए, वह उसे दुरुस्त करेगा। न करे, तो ठेकेदार को यानी मुझे बताइए। हमारा वादा है कि शिकायत सौ फ़ीसदी दूर की जाएगी। मगर पिताजी ने कहा—हमारी दो प्रार्थनाएँ हैं, एक यह कि बाहरी लोगों में हमारे ख़िलाफ़ अफ़वाहें न फैलाई जाएँ; और दूसरी यह कि किसी भी हालत में स्टाफ़ बतौर कमीशन एक कौड़ी की भी उम्मीद न करे। बताइए, पिताजी ने कुछ अनुचित कहा ? दूसरे दिन संयोगवश बड़े इंजीनियर की छाती में अचानक दर्द उठा, अस्पताल गए, डॉक्टरों की सलाह पर उन्होंने रिटायरमेंट ले लिया। यूँ भी वे आठ महीने में रिटायर होते ही।''

''ताड़ के पेड़ से कौआ उड़ा और तभी ताड़ बीच से टूट गया। बेवकूफ़ समझते हैं कि यह कौवे की उड़ान का नतीजा है,'' मैंने कहा।

वह ख़ुश हुआ, बोला, ''अब कल का वाक़या भी सुन ही लीजिए, ऑफ़ द रिकॉर्ड। कुछ अख़बार इसे दो गिरोहों के बीच ठेकेदारी की जंग बता रहे हैं,

कुछ बाज़ार में हफ्ता-वसूली की लड़ाई, पर हुआ यह कि हम लोग सांईं बाबा के दर्शन के लिए मन्दिर गए थे। वहीं ये गुंडे आकर बाज़ार में दुकानदारों से हफ़्ता वसूलने लगे। तब हम युवा शाखावालों को बीच में आना पड़ा। अचानक उधर से किसी ने गोली चला दी। आत्मरक्षा का हमें भी अधिकार है। इधर से भी गोली चली। बीच में कुछ असामाजिक तत्त्व घुस आए। उन्हीं में से किसी की गोली से उनका सरगना मरा, फिर उसकी गोली से मैं मरा।''

मैंने कहा, ''पर आप तो ज़िन्दा हैं !''

वह बोला, ''ज़िन्दा क्या, बस यूँ ही हूँ,जैसा कि कहा है न–'जलता हुआ दीया हूँ मगर रोशनी नहीं।' ''

मैं उसे नासमझी से देखता रहा। उसने समझाया, ''दरअसल, पुलिस के लिए मैं फरार हूँ।''

*[6.12.2004]*

# काम नहीं, वेतन बदस्तूर

बहुत पुराने दोस्त हैं। इधर काफ़ी अरसे से नहीं मिले थे। आज अचानक सड़क पर मिल गए। मैंने पूछा, "कैसे हैं ? इतने दिन कहाँ रहे ?"

बोले, "मेरी पोस्टिंग डेढ़ साल से मेरठ में है, वहीं हूँ।"

मैंने पूछा, "पर आज यहाँ कानपुर में कैसे ? छुट्टी ले रखी है ?"

वे बोले, "बताता हूँ, पर पहले अपनी कहो। अजय कैसा है ? फ्लोरिडा में था न ? अब शायद एम.आइ.टी. के किसी रिसर्च प्रोजेक्ट में ऊँची जगह पर आ गया है। बड़ी ख़ुशी हुई सुनकर। लेटेस्ट क्या है ?"

लेटेस्ट वही है जो वे खुद बता चुके हैं। अजय मेरा बेटा है। उसके बारे में उनकी जानकारी सही है। मन-ही-मन मैंने दोस्त की सराहना की; रिश्तेदारों, यार-दोस्तों, उनके कुटुम्बियों के बारे में उनकी दिलचस्पी बरकरार और जानकारी पक्की है। तब सोचिए, अपने सहकर्मियों और ऊँचे अफ़सरों के बीच उनकी कैसी पूछ रहती होगी ! साहब के बाबा को जुकाम की छींकें बाद में आएँगी, मिज़ाजपुर्सी के लिए वे पहले ही पहुँच चुके होंगे।

वे उद्योग विभाग में क्षेत्रीय उपनिदेशक हैं।

उनके बॉस लखनऊ में हैं, पोस्टिंग मेरठ में है, रहनेवाले कानपुर के हैं। उनसे काफ़ी देर मेरे परिवार के हर व्यक्ति की कुशलक्षेम, स्वास्थ्य, शिक्षा आदि के बारे में बात चलती रही। तब मैंने उनसे दोबारा छुट्टी के बारे में पूछा, बोले, "आपसे क्या चोरी ! सच तो यह है कि जब से संतोषी माँ की शरण गही, संसार से जी उचट गया है। नौकरी में मन नहीं लगता। तभी नौकरी उतनी ही करता हूँ जितना नौकरी के लिए ज़रूरी है। माँ की कृपा है कि फिर भी पूरे विभाग में मेरे कार्य और निष्ठा की इतनी तारीफ़ है।"

यह सच है। अपनी भक्ति-भावना के साथ वे अपने कार्य के लिए भी प्रसिद्ध हैं।

अपने मकान से सटा हुआ माँ संतोषी का मन्दिर उन्होंने तब बनवाया था जब माँ संतोषी का चलन अपने चरम पर था। उससे मिले हुए एक उपमन्दिर में सभी उल्लेखनीय देवी-देवताओं की मूर्तियाँ हैं। उसी से सटा हुआ जो सबसे नया मन्दिर है, वह शिरडी के साईं बाबा का है। भक्तों की भारी भीड़ रहती है। दोस्त इस परिसर की व्यवस्था अपनी स्वाभाविक कुशलता के साथ देखते रहते हैं।

वे बोले, ''मेरा नियम है कि मैं सप्ताह के कम से कम चार दिन यहाँ माँ की शरण में बिताता हूँ। बुधवार की रातवाली गाड़ी से चलकर गुरुवार के सवेरे यहाँ पहुँचता हूँ और शनिवार-रविवार के सप्ताहान्त की छुट्टियाँ मिलाकर चार दिन बाद लौट जाता हूँ। कभी- कभी पैटर्न बदलने के लिए सप्ताहान्त के पहले दो दिन बिताने के बदले बाद के दो दिन–सोम, मंगल, जोड़ लेता हूँ। मेरा स्टॉफ इस मामले में समझदार और भरोसेमन्द है। मुझसे मिलने या पूछताछ करनेवालों के लिए ख़बर रहती है कि मैं दौरे पर बाहर गया हूँ, महत्त्व के हिसाब से ज़्यादातर अलीगढ़। मेरठ के बाद उधर वहीं सबसे ज़्यादा औद्योगिक इकाइयाँ हैं न।''

मैंने पूछा, ''इस साप्ताहिक गैरहाज़िरी के कारण आपको कभी कोई असमंजस नहीं झेलना पड़ा ?''

वे हँसे, बोले, ''सिर्फ़ एक बार। उस दिन अचानक लखनऊ से बॉस का फ़ोन मेरे दफ़्तर में आया, मेरी तलबी हुई। उन्हें बताया गया कि दौरे पर हूँ। कहाँ ? जवाब दिया गया अलीगढ़। बॉस ने कहा, यह तो बड़ा अच्छा हुआ। वे अलीगढ़ में जहाँ भी हों, उनसे कहो कि वे तुरन्त शंकर मिल का झगड़ा निबटाएँ और दो घंटे में मुझे फ़ोन करें, जिला मजिस्ट्रेट की मदद लें। पता चला कि इस सरकारी फैक्टरी में प्रबन्धक और मज़दूर यूनियन के नेताओं के बीच झगड़ा हुआ है, प्रबन्धक की जमकर पिटाई हुई है। उसने थाने में रिपोर्ट लिखाई है। मज़दूरों की भी जवाबी रिपोर्ट है, हड़ताल होनेवाली है।

''दफ़्तर ने घबराकर मुझे यहाँ फ़ोन किया। पर माँ की कृपा से मुझे घबराहट नहीं हुई। सबसे पहले मैंने प्रबन्धक के दफ़्तर की एक लड़की से सम्पर्क किया। भक्ति-भावना के चलते वह मेरी ही भक्त बन गई है। उससे मदद का वादा लेकर मैंने प्रबन्धक को फ़ोन पर लताड़ा, कहा कि फ़ौरन यूनियन लीडरों से मिलकर माफ़ी माँगो और झगड़ा ख़त्म करो। उसने कहा, पिटा तो मैं हूँ, माफ़ी भी मैं ही माँगूँ ? मैंने कहा, जैसे समझो, वैसा करो, पर जान लो कि तुम्हारे ख़िलाफ़ उस महिला कर्मचारी की शिकायत मेरे पास जाँच के लिए रखी है जिसे तुमने चार दिन पहले अपनी हवस का शिकार बनाना चाहा था। पक्का पुलिस

केस है। उधर के झगड़े में तुम अपने मन की करोगे तो इस शर्मनाक मामले में मैं भी अपने मन की करूँगा और अगर आधे घंटे में मज़दूरों का झगड़ा रफ़ा-दफ़ा कर लोगे तो यह झमेला भी मैं दफ़न करा दूँगा, कोई जान भी नहीं पाएगा।''

''बौखलाकर वह अंट-शंट बोलता तो रहा पर घंटे भर में ही उसने मुझे फ़ोन पर सूचना दी कि पूरा मामला शान्त हो गया है। मैंने भी बॉस को फ़ोन पर बता दिया कि दोनों पक्षों की ग़लतफ़हमियाँ डी.एम. की सहायता के बिना दूर करा दी गई हैं, स्थिति सामान्य है। वह शायद सोच ही नहीं सका कि मैं कानपुर में हूँ, और मैंने अलीगढ़ के लिए टैक्सी पकड़ ली।''

आकाश की ओर आँखें उठाकर उन्होंने दोनों हाथ जोड़े, कहा, ''माँ की कृपा देखिए। उस दिन डी.एम. शहर में न थे, कहीं दौरे पर गए थे, शायद मेरी ही तरह। अगर वे मुझसे पहले बीच में पड़ जाते तो...'' वे हँसते रहे।

*[20.12.2004]*

# दूध के धुले, सब तरफ़ से खुले

उस दिन दोस्त अख़बार पढ़ रहे थे। उससे नज़र हटाए बिना बोले, ''केन्द्र सरकार ने सुप्रीम कोर्ट में अपने हलफ़नामे में कहा है कि जैसे ही कोई व्यक्ति संसद सदस्य बना, वह मन्त्रिपरिषद में शामिल होने योग्य हो जाता है–अगर प्रधानमन्त्री ऐसा चाहें तो। संविधान के अनुच्छेद 75 में इस पर पाबन्दी नहीं है। इसमें ऐसा कुछ नहीं है जिसके कारण, अगर किसी के ख़िलाफ़ आपराधिक मुकदमा चल रहा हो तो, उसे मन्त्रिपद पर तैनाती के लिए अयोग्य मान लिया जाए...''

मित्र ने मुझे घूरकर देखा और बोले, ''इसे कहते हैं बेहयाई यानी नैतिक विचार और परम्परा कोई चीज़ नहीं, यह सिर्फ़ क़ानून का मामला है।''

उनके कहने से लगा, जैसे सारा क़सूर मेरा ही हो। मैंने सफ़ाई दी, ''भाई, सुप्रीम कोर्ट में तो क़ानून की ही बात होनी है, सो क़ानून की ही बात हुई। वह मुरारी बापू की कथा का पण्डाल तो है नहीं।''

वे साँस खींचकर बोले, ''यही तो मुश्किल है !'' अचानक उनका सवाल, ''तुमने *अक्लॉकवर्क ऑरेंज* पढ़ा है ? एंथनी बर्जेस का ?''

मेरे 'नहीं' कहने पर बोले, ''यह ऐसे ज़माने की कहानी है जिसमें गुंडों और अपराधियों पर क़ाबू पाने के लिए पुलिस में उनसे भी ज़्यादातर ख़ूँखार और सज़ायाब अपराधियों की भर्ती की जाती है : एक से बढ़कर एक हत्यारे, बलात्कारी, भ्रष्टाचारी...हम कुछ-कुछ उस ज़माने की ओर बढ़ रहे हैं। पुलिस में तो ख़ैर, हमारे यहाँ भर्ती के लिए अपराधी होने की अनिवार्य योग्यता बिलकुल ज़रूरी नहीं, उनमें से कई लोग कुछ अरसे बाद अपने आप वैसे ही हो जाते हैं, पर एक बार अनुच्छेद 75 की दरियादिली का भरोसा कीजिए तो कुछ दिनों बाद अपने यहाँ भी *अक्लॉकवर्क ऑरेंज* मॉडल का मन्त्रिपरिषद तैयार हो जाएगा। सिर्फ़ सज़ायाब अपराधी पर रोक होगी, वह मन्त्री नहीं बन सकेगा; सज़ायाबी

की मंज़िल की ओर बढ़ते हुए अपराधी पर कोई रोक नहीं रहेगी...''

मैंने कहा, ''आप अपने प्रधानमन्त्री को भूल रहे हैं। इतना साफ़-सुथरा, इतना काबिल प्रधानमन्त्री बड़े ख़ुशकिस्मत देशों को ही मिलता है। आप कितने निराशावादी हैं !''

''और आप कितने अन्धे हैं,'' वे बोले, ''अनुच्छेद 75 की कमन्द पकड़कर जो लोग उनके कबीना में चढ़ गए हैं, उनकी कुर्सी आपके प्रधानमन्त्री की कुर्सी से सिर्फ़ दो-चार इंज दूर रह गई है।''

मैंने समझाया, ''भाई, इतने समझदार होकर भी आप समझने की कोशिश क्यों नहीं करते ? अपने यहाँ का क़ानून है कि जब तक न्यायालय में प्रमाणित न हो जाए कि कोई किसी अपराध का दोषी है, सिर्फ़ अपराध का आरोप होने से वह दोषी नहीं समझा जाएगा। आप इसे अनुचित समझते हैं ?''

''नहीं, इस व्यवस्था से मेरा कोई झगड़ा नहीं,'' दोस्त बोले।

''तब ? जो प्रमाणित दाग़ी नहीं हैं, उन्हें दाग़ी कहने का क्या मतलब ?''

निराश जी बोले, ''मतलब यह है कि जैसे दाग़ी होने पर भी आज वे दाग़ी नहीं हैं, वैसे ही दाग़ी प्रमाणित होने पर भी वे दाग़ी नहीं होंगे। आप तर्क-वितर्क की बारीकियाँ समझिए, तब इसे समझ पाएँगे।''

मैं उन्हें देखता रहा; वे कहते रहे, ''कुछ दिन पहले पश्चिमी उत्तर प्रदेश के एक बाहुबली पूर्व सांसद का आपने इंटरव्यू पढ़ा होगा। अहा ! बाहुबली भी कितना ख़ूबसूरत लफ़्ज़ है। सुनते ही किसी देवता की याद आती है। जैसे बजरंगबली। वाह ! बहरहाल, उनका कहना है कि वे अन्याय नहीं बर्दाश्त कर सकते; वे स्वाभिमानी हैं। तभी पुलिस ने उन पर दर्जनों मुकदमे चला रखे हैं, पर सज़ायाब वे किसी में भी नहीं हुए।

''अब वे कविताएँ लिख रहे हैं। क्यों नहीं ? बच्चन की किसी कविता की एक पंक्ति है, *मैं कलम और बन्दूक चलाता हूँ दोनों।* पूर्व प्रधानमन्त्री विश्वनाथ प्रताप सिंह और अटल बिहारी वाजपेयी की तरह उन्हें भी कविता लिखने का संवैधानिक हक़ है। यह सब तो ठीक। पर ख़तरा दूसरे रास्ते से है। अगर वे, या मन्त्रिपरिषद का हमारा कोई दाग़ी मन्त्री किसी मुकदमे में सचमुच ही सज़ा पा जाए, तब क्या होगा ?''

''होगा यह,'' मैंने कहा, ''कि वे निकाल दिए जाएँगे ?''

''जी नहीं,'' निराश जी बोले, ''तब वे दो तरीके अपनाएँगे। एक तो यह कि 'निचली अदालत के फ़ैसले के ख़िलाफ़ मेरी अपील हाइकोर्ट में लगी है और मुझे ज़मानत मिली है। इसलिए जब तक हाइकोर्ट से अपील का फैसला नहीं

हो जाता तब तक मुझे दाग़ी या सज़ायाब नहीं माना जा सकता।' "

"और अगर हाइकोर्ट ने प्रतिकूल फ़ैसला कर दिया तो ?"

"तो," वे बोले, "अपील सुप्रीम कोर्ट में होगी और यही तर्क वहाँ भी दोहराया जाएगा।"

"और अगर सुप्रीम कोर्ट ने भी अपील ख़ारिज कर दी, तब ?" मैंने पूछा।

"तब तरीका नम्बर दो अपनाया जाएगा। यानी, कहा जाएगा कि 'यह अपराध उस दर्जे का नहीं है, जिसे 'नैतिक अधमता' कहा जाए, यानी यह 'मॉरल टर्पीट्यूड' नहीं है। माना कि यह हत्या का मुक़दमा है, मगर इसकी परिस्थितियाँ देखिए, हत्या का दोषी होकर भी, मिलॉर्ड, मेरा मुवक्किल वैसा ही साफ़-सुथरा है जैसा कि मोटर वेहिकल्स एक्ट में सज़ा पानेवाला वह जज, जिसके ड्राइविंग लाइसेंस की अवधि कल ख़त्म हुई है और बिना लाइसेंस ड्राइविंग में वह आज जुर्माने की सज़ा पा चुका है।'"

निराश जी, यानी दोस्त के चेहरे पर दुर्लभ मुस्कान उभरती है; कहते हैं, "जानेमन, होश सँभालो, अभी दुनिया देखो।"

*[10.1.2005]*

●●●